THE WORLD'S

RELIGIONS

Illustrated Edition

这座雕像永恒的优雅和宁静表明，无论具体的教义或仪式如何，所有宗教都努力走向超越的状态。

“未来佛”（弥勒佛）的头部和躯干　奈良中宫寺

这座雕像永恒的优雅和宁静表明，无论具体的教义或仪式如何，所有宗教都努力走向超越的状态。

人的宗教（插图本）

THE WORLD'S RELIGIONS

[美] 休斯顿 · 史密斯　著　　梁恒豪　译

海南出版社
· 海口 ·

THE ILLUSTRATED WORLD' S RELIGIONS: A GUIDE TO OUR WISDOM TRADITIONS(ILLUSTRATED EDITION)
by HUSTON SMITH

版权合同登记号：图字：30-2021-056 号

图书在版编目（CIP）数据

人的宗教：插图本 /（美）史密斯 (Smith,H.) 著；梁恒豪译．-- 海口：海南出版社，2014．10 (2025．9 重印)．
书名原文：The world' s religions:illustrated edition
ISBN 978-7-5443-5216-1

Ⅰ．①人… Ⅱ．①史… ②梁… Ⅲ．①宗教 – 研究 – 世界 Ⅳ．① B928.1

中国版本图书馆 CIP 数据核字 (2013) 第 214114 号

人的宗教：插图本

REN DE ZONGJIAO：CHATU BEN

作　　者：［美］休斯顿·史密斯
译　　者：梁恒豪
责任编辑：张　雪
特约编辑：刘长娥
封面设计：林　时
责任印制：郄亚喃
印刷装订：炫彩（天津）印刷有限责任公司
读者服务：张西贝佳
出版发行：海南出版社
总社地址：海口市金盘开发区建设三横路 2 号 邮编：570216
北京地址：北京市朝阳区黄厂路 3 号院 7 号楼 101 室
电　　话：0898-66812392　010-87336670
电子邮箱：hnbook@263.net
经　　销：全国新华书店
版　　次：2014 年 10 月第 1 版
印　　次：2025 年 9 月第 16 次印刷
开　　本：787 mm × 1 092 mm　1/16
印　　张：23.5
字　　数：280 千
书　　号：ISBN 978-7-5443-5216-1
定　　价：88.00 元

PREFACE
前言

和1958年《人的宗教》（*The Religions of Man*）平装版相比较，本书的书名已于1989年再版时改为没有性别偏见的《世界宗教》（*The World's Religions*）。本次再版，我还增补了与宗教艺术相关的内容，以使本书更加切合主题。毕竟纵观人类历史，有关宗教的歌舞、绘画与雕刻艺术作品要远多于表现力稍逊一筹的文字。

与1989年的版本相比，本书文字更为精简。这样可以为宗教艺术品的内容留出篇幅。此外，我还有一个充分的理由，本书中的文字主要服务于介绍艺术品、描述寄托其上的想象，并竭力捕捉艺术家们在色彩和表现形式上的那些穷工极巧、登峰造极之处。因此需要浓缩内容并保留其精华。

人的想象非常重要。宗教艺术的独特之处就在于它是通向另一个世界的想象之窗——那个世界更广袤、更奇特、更真实而且更绚丽。柏拉图视美为“真理的光辉”，而宗教艺术正因为其真实价值才更加伟大。宗教艺术的主题并非一定要与宗教相关，但在本书中基本上是这样的，因为此书是关于宗教的。使艺术变得神圣的不是它所描绘的东西，而是它开启超越性的方式，并将观者带入其中，使人们看到生活在自我忘却与永恒和谐中的感觉。譬如马克·夏加尔（Marc Chagall），他的作品很

莲

“出淤泥而不染，濯清涟而不妖。”

少明显地涉及宗教主题，然而他却是宗教艺术家。受犹太血统影响，他的画笔所及之处，世间万物无论鲜花、果树还是鸟类都光彩夺目，宛若暴风雨过后绮丽的彩虹。

为使行文流畅，我略去了 1989 年版本中的脚注，读者如果想了解引文的出处，烦请参阅本书未删节版本中标注的来源。

休斯顿·史密斯

于加利福尼亚大学伯克利分校

CONTENTS
目 录

第三章　佛　教

第四章　儒　家

第五章　道　家

第六章　伊斯兰教

第七章　犹太教

第八章　基督教

第九章　原始宗教

第十章　最后的考察

印度大吉岭索那达寺的两个小喇嘛。

第一章

起点

我们身在何处？
为什么我们会在这里？
这一切意味着什么？
如果有什么的话，我们需要做些什么？

许普诺斯（Hypnos）

希腊神话中的睡神，是死神的孪生兄弟、
黑夜女神的儿子。

一般来讲，当人们想要得到诸如“我们身在何处；为什么我们会在这里；这一切意味着什么；如果有什么的话，我们需要做些什么”等关于生命终极问题的答案，他们会查找可用的文献，或者在口耳相传的祖先神话中寻找——二者结果是一样的。然而，随着现代科学的发展，他们越来越多地转向科学寻求答案。这是可以理解的，因为可控实验使科学能够证明其观点，从而借此重新塑造世界。自20世纪末以来，有一个显著的特点就是我们逐渐认识到转向科学是错误的，但也不是完全错误的，因为科学（及其副产品——技术）有其价值所在。错误的是指望科学来回答终极问题的做法，因为科学的方法与终极问题毫不相干。认识到这一点，有助于我们再次认真地审视与终极问题密切相关的事业——宗教。

这种严肃认真的观察和倾听为这本书的客体作了界定。有人可能怀疑这个目标是不是太宽泛了。我们计划思考的宗教尽可能覆盖全世界。它们的历史可以追溯到数千年前，并且正激励着比以往更多的人。仅仅在这一本书里认真倾听数千年的历史，这可能吗？

答案是可能的，因为我们要倾听那些已经界定清楚的主题。这在一开始就必须列清楚，否则读者会被误导。

一、这不是一本关于宗教史的教科书。这就解释了为什么其中缺少名称、日期和社会影响等。因为在介绍本书涉及思想所处的时代和空间时，书中只保留了必要的很小一部分历史事实。

二、即使提到思想，本书也没有对谈到的宗教思想进行一个包罗万象的总结。因为每种宗教都有太多的独特性，以至于在如此短的篇幅里难以穷尽。与之相反，我尝试合理地谈论每种传统中的主要观点。

三、这本书并未对主题进行全面的阐述。宗教的整个历史并不都像玫瑰花绽放般讨人喜欢——其中充满了粗暴和野蛮。智慧和慈悲是间歇出现的，最终结果是非常模棱两可的。

一个完整的宗教观应该包括猎杀女巫和宗教裁判所，大屠杀和残酷压迫，基督教十字军东征以及伊斯兰教的圣战等。这个单子永远也列不完。

那么，为什么我只提到这些事情？我的答案是如此简单，以至于听起来可能很天真——这本书是在谈价值。可能糟糕的艺术品和优雅的艺术品一样多，但是没有人期待那些糟糕的内容出现在这本书中。还有的人可能有兴趣权衡宗教的美德及其暴行，但这并不是我所关心的。

我把主题定位在处于最佳状态的具有持久性的宗教上，我要讨论的是我认为的宗教最大的优点是什么。我想要论证，世界各宗教在神学和形而上学中所揭示的真理，是具有启发意义的。至于机构组织（包括宗教机构）就是另一回事了。因为机构是由自身内在有缺陷的人（有好有坏）建立的，它是由美德和恶行组成的，这导致有智者提出宗教所犯的最大的错误就是跟人搅和在一起。本书从宗教纷乱的历史中汲取精华，把宗教定位在它的神学主张上。倘若我们的关注点仅限于这方面，宗教净化人心灵的作用就能逐渐显现出来了。它们就成了世界智慧传统。[我们在信息中失去的知识去哪里了？我们在知识中失去的智慧去哪里了？——T.S. 艾略特（T.S.Eliot）]。它们似乎是反映人类智慧精华的数据库。

四、最后，这不是一本关于比较宗教价值的书。我尽自己所能把每一种信仰中的闪光点表达出来。读者如果愿意的话，也可自己对其做些比较。

《捕捞灵魂》 亚德里安·彼得斯·凡·德·文尼（Adriaen Pietersz van de Venne）

1614年 荷兰国家博物馆

这个讽喻代表了天主教和新教对皈依者的争夺。然而，赋予宗教灵感的永恒真理比它频繁的制度性愚蠢要更长久一些。

在解释本书不是什么的时候，我已经在谈本书是什么了，让我再解释得清楚一些。

一、这是一本追求拥抱世界的书。当然，这个希望一定会落空。手臂还是太短了，双脚总是会站在某个地方，这本书肯定有它的家，尽管这个家的门是可以自由进出的。只不过它不是在做真正的旅行，而是在做研究和想象。倘若我们对这个世界，乃至对我们从未去过的地方以及猜想永远也不可能去的地方产生怀乡之情，这本书就是从这种怀乡之情中产生的。

在我们这个世纪，这种全球化的视野是非常重要的。全球各地都变成了我们的邻居——中国在我们对面，中东在我们后门。这种改变是惊人的，新形势把我们所有人——从城镇到国家——突然地推上了世界舞台。大约 2 400 多年前，杰出的希腊哲学家第欧根尼（Diogenes）宣称："我不是雅典人，也不是希腊人，而是一个世界公民。"而今我们大家都必须把这句话当作我们自己的座右铭。任何人如果只是日本人或美国人，只是东方人或西方人，那么他只能算是半个人。他的另外一半与整个人类的脉搏一起跳动，尚未被唤醒。

世界性的视野带来了可观的回报：它能让企业去海外做生意，使外交家少犯错误，但是最大的收获是难以估量的。放眼看去，对印度人来说归属感意味着什么；跟一位缅甸的老奶奶一起体会一下什么是生命中的过眼云烟，什么是历久弥新；去了解一下印度教徒如何把自己的个性看作是附着于他们那内在神明之上的面具——回顾这些事情，就是为了增加精神视野的维度。这是打开了另一个可以生活的更大的世界。

这些关于认识世界的思想直接导致了世界宗教的产生，因为带领我们达到一个族群的心的最确切的方法，就是通过它的信仰，如果这个信仰还没有僵死的话。要区别活的宗教和死的宗教想法，则把我们带到了

《先知以赛亚》 马克·夏加尔

通过一个民族的信仰来了解它是最可靠的方法。

埃及奖牌

长了翅膀的眼睛，在埃及，它是神圣全知的象征。这里将其用在了奖牌上。

本书的第二个建设性意图。

二、（如前所述）这是一本严肃对待宗教的书。我不会去迎合猎奇者，或者着眼于感官刺激。这本书不会提供色情的雕刻，不谈禁欲主义者所躺的铁钉床或者是忏悔者的苦修。正如要避免对那些视宗教为生命的人的些微冒犯，正如对其他人——无论是来往路人、来自其他文化背景的人，还是那些需要增强自尊心的人，要一视同仁地尊重，这本书会一直用“他们”来称呼将要谈论的印度教徒、佛教徒等。但是在这背后，是对我们自己最深切的关心。

我一直回顾“智慧传统”（这个词在最后一章会解释）的主要原因是，它们能对我解决自己无法回避的问题有所帮助。既然人性在根本上是相似的，我想本书的读者们也会对这些问题感兴趣。甚至连最微妙的赞助宗教的方式也要避免，就是为了看重宗教所产生的效果——它对艺术、心灵平静和群体团结所做的贡献，而不是为了宗教本身。这是一本有关现存宗教的书，与威廉·詹姆斯（William James）的主张相反，它们的存在不是作为一种呆板的习惯，而是一种激烈的狂热。当宗教获得生命时，它会接管一切。其他的一切，即便是没有沉寂下来，也被迫沦为辅助的角色。

当生命展现最重要的选择时，个体所面对的就是活的宗教。它呼唤灵魂去进行最高的冒险，去穿越人类精神的丛林、山峰和沙漠。这种呼唤要直面真实，把握自己。那些敢于聆听和跟随这种秘密呼唤的人，很快就会明白这孤独旅程中的危险和困难了——“锋利的刀刃，难以逾越；诗人们宣称，这是一条艰难的道路……”（《羯陀奥义书》，*Katha Upanishad*）他们也知道如何解脱。当一个孤单的灵魂在这个领域里成功地超越，它就不单单是主宰而已，而是会成为世界的救世主。它的影响绵延数千年，赐福予多少世纪以来的艰难历史进程。汤因比（Toynbee）问道：“谁是这个时代人类最伟大的恩人？”“我会答：孔子、老子、佛陀、以色列和犹太的先知们、琐罗亚斯德（Zoroaster）、耶稣、穆罕默德和苏格拉底。”他的回答不该令人惊讶，因为真正的宗教是最畅通的管道，让宇宙生生不息的能量通过它得以进入人的生命中。

三、最后一点，本书为沟通交流做出了真正的努力。我把它当作一项翻译工作。这项工作不仅要深入印度教徒、佛教徒和穆斯林的世界，并且要搭建从那些世界通往读者世界的桥梁。埃尔温·薛定谔（Erwin Schrodinger）写道：“如果你始终都不能对人说清楚你在干什么，你的所作所为就是毫无意义的。”

我们即将开始一场跨越时空与永恒的旅程。去的地方往往是遥远的，时间是久远的，主题是跨越时空的。我们不得不使用那些对我们来

多塞特海景

“活的宗教……呼唤灵魂去经历它们可以承受的最大冒险。”

说也很陌生的文字——梵文、中文以及阿拉伯文。我们要描述那些只能得到些微暗示的意识状态。我们可能会使用逻辑来试图反驳那些嘲笑我们的观点，而最终我们有可能会失败。我们每个人都有不一样的心灵，我们可能永远不会理解那不属于我们自己的宗教。但是，如果我们认真对待那些宗教，我们也就不至于失败得太惨。要认真对待它们，只需要做好两件事：一是需要明白，信奉各大宗教的男男女女与我们面临着相似的问题；二是必须去除那些可能让我们感觉迟钝或阻止我们产生新洞见的先入之见。一位大解剖学家在他结束给新生上的第一堂课时所说的话，也同样适用于我们自己的经历。他说：“在这门课中，我们处理肌肉、骨骼、细胞和肌腱，很多时候它看起来冰冷且可怕。但是永远不要忘记：它是活的！”

第二章

印度教

如果我被问及，在什么样的天空下，人的心灵对生命中最重大的问题做过最深刻的思考，而且已经找到了其中一些问题的答案，这些答案还是值得那些研究过柏拉图和康德的人注意的——我会指向印度。

如果扪心自问，除了深深影响并使我们受教其中的希腊人、罗马人、闪族之一的犹太人的思想，什么样的文献最具有匡正的效果，最能使我们内心生命更完善、更全面、更普遍，并且事实上更具有人性化，我会再一次指向印度。

——马克斯·缪勒（Max Müller），19 世纪东方学家

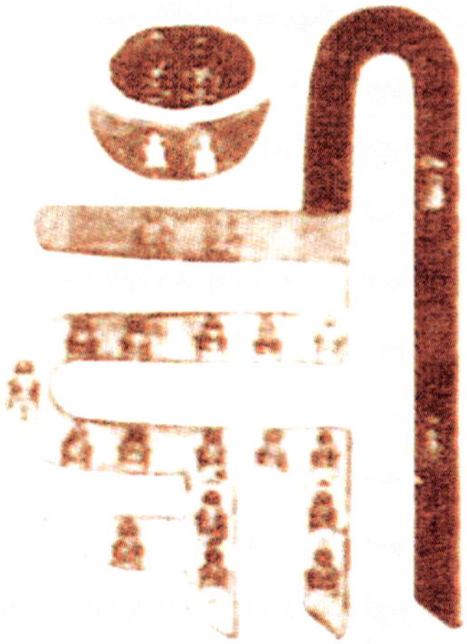

梵咒的精神意涵的固定化呈现。

人们想要的是什么?

本章的问题是，印度（通过其主要宗教——印度教）是如何使内心生命更完善、更全面、更普遍和更具有真正人性化的，从问人们想要的是什么为起点。通过这个问题，我们开始认识第一个宗教。

印度教徒认为人们想要四种东西，他们首先想要享乐，这是很自然的，我们生来就具备感知苦与乐的能力。如果我们忽视它，把手放在火炉上或是从二楼的窗户跳下去，我们很快就会死去。还有什么比追求快乐并且投入其中更惬意的呢?

总能听到人们说印度人是苦行的、他世的、否定生命的，我们会认为他们对享乐主义者采取责备的态度，但事实并非如此。的确，印度人不把享乐当作最高的善，但是这并不意味着谴责享乐。对于那些追求享乐的人，印度人实际上会说：去追求吧，这样做并没有什么错；它是人生四大合法的目标之一。这个世界充溢着美，满载着感官的享乐。而且在这个世界之上还有其他世界，每增高一层，快乐就增加百万倍，这些世界我们到时候也会经历到。与其他事物一样，享乐主义需要好的见识。为了长远的利益，人们必须牺牲眼前的小目标；为了避免敌视和懊悔，人们必须控制住伤害他人的冲动。只有愚蠢的人才会说谎、偷盗、欺骗或者沉溺于恶习而不能自拔。但是只要遵守了基本的道德规范，你就可以自由地追求所有你想要的享乐。对于那些心思单纯、没有其他追求的人来说，印度教表现为一种保证健康和富足的养生术；而对另外一些心思缜密、老练的人来说，它详尽阐述了一种感官的美学，其直言不讳的程度令人震惊。如果享乐是你所想要的，就不要压抑你的欲望，并以明智的方式去追逐它。

湿婆与他的妻子雪山神女

对于想要享乐的人，印度教认为不要压抑欲望，而要智慧地去寻找。

印度人是这样说的，并且等待着。他们等待时机的到来——每一个人都会明白享乐并非生命的全部，即使不一定在今生。每个人最终都会发现这一点，因为享乐太琐碎肤浅，并不能满足我们的需要。享乐主义是个人的，而自我太微不足道了，人无法对享乐产生永恒的热情。或早或晚，人们想要从生命中得到的远不止感官享受而已。当发现了这一点，个人兴趣通常会转向人生的第二个主要目标，即俗世的成功，表现为财富、名誉和权力。这也是值得追求的目标，不应该受到压制或谴责。它的满足比享受更加殷实，因为它是社会性的。它所涉及的领域更宽广，并且关涉到其他人。

对现代西方人来说，这一类的目标是无可争辩的。英裔美国人（Anglo-Americans）不是贪图享乐的人。他们不会让自己沉浸在享乐之中——他们太忙了，生活节奏太快。在西方需要争辩的不是享乐是有限度的，而是成功同样是受限制的——“我的价值是什么？”并不等同于“我得到了多少？”

印度人认为成功不仅是供养家庭、承担社会责任的需要，而且也能带给人价值感和自尊心。然而，最终这些回报也是有限制的，我们可以细列如下：

（一）财富、名誉和权力是排他性的，因此是竞争性的、不稳定的。不同于智力上的和精神上的财富，它们不能在不减少自己所有的情况下与人分享。如果我有一块钱，那么这块钱就不是你的；一个人处在闪光灯下的前提是有观众坐在黑暗的大厅里。名誉和权力也是一样的。从这些东西的竞争性到它们的不稳定性只有一步之遥。因为别人也想要它们，谁知道成功什么时候会转移至他人呢？

（二）追求成功的欲望，永远也满足不了。需要说明的是，很多人的确得到了足够的金钱、名誉和权力，但当人们把这些东西当作生命中最重要之物时，显而易见，他们是不会满足的。这些东西并不是他们真正想要的，而人们对不是自己真正想要的东西是永远不会满足的。想要用金钱来扑灭贪婪，无异于火上浇油。印度有个赶骡子的人的寓言，他在杆子上吊着胡萝卜绑在骡子的挽具上，让骡子一直不停地向前走。

（三）俗世成功的第三个问题与享乐主义一样。它也集中在自我的意义上，而自我毕竟太渺小了，人们不可能对之保持永久的热情。无论是财富或地位，都不能隐藏其拥有者的渺小。

（四）为什么尘世的成功不能使我们满足，最后一个原因是成功转瞬即逝。我们说："死了又带不走。"正因为我们带不走，它的光芒就变得黯淡。而又因为我们是能够展望永恒的动物，所以必定会悲叹：那获得的尘世的成功啊，我们可支配的时间太短暂了。

在继续谈论印度教认为人们想要的另外两样东西之前，最好先将之前所讲过的做个总结。印度教把享乐和成功放在了"欲望之路"上。他们用这样的短语，因为自然欲望决定了生命的进程。前面还有其他目标，但这并不是说我们可以谴责这些初步的欲望；这一点之前已经说过。不应该无视欲望的存在，而是等待欲望离我们而去，因为印度教把欲望道路上的东西视为玩具一般。玩具本身没有什么不好。正相反，想到小孩子没有玩具，不免会感到悲伤。但是如果到了成年，还没有发展出比玩玩具更有意义的兴趣的话，岂不是更悲哀？

但是人生还有什么更吸引人的东西呢？印度教说有两种。与"欲望之路"相反，它们一起组成了"弃绝之路"。

"弃绝"这个词有一种负面的意味，由于印度教频繁地使用这个词，使它争得了否定生命的扫兴者之名。但是一切都取决于弃绝的东西是什么。在蜿蜒的沙漠之路上，运动员为了更重要的目标而放弃了暂时的享乐。世人赞扬印度禁欲主义者弃绝力量的时候，瑜伽士回答："你的放弃比我的伟大，因为我为了无限而放弃有限，而你为了有限而放弃无限。"如果人们能够顺从他们的冲动而得到满足，弃绝之念就永远不会产生。

让我们讲得清楚一些。印度教并不是说，每个人在今生都会发现欲望之路的匮乏。对照着广大的时间尺度，印度教在实际年龄和心理年龄之间进行了区分。两个同样是46岁的人，在实际年龄上来说是同庚的，但是在心理年龄上，一个可能还是孩子而另一个则是成人。印度教徒把这个区分延伸出去应用了好几个世，这一点在我们讲轮回观念的时候再进行阐述。如果我们看到男男女女像“官兵”和“强盗”一样玩着欲望的游戏，虽然他们什么也不懂，但是死的时候觉得不负此生，还觉得生命是美好的。但是同样，别人也玩这个游戏，却发现胜利是微不足道的。为什么会有这样的差别呢？热衷的人沉溺于一时的新奇感中，而其他人在一而再地玩过这个游戏后，又想要去征服另外的世界。

11世纪西印度的石雕像

雕像表现的是一位婴儿期的印度耆那教圣人在母亲的怀抱中。

这些另外的世界超越了自我中心。当一个人迅速得到了自己想要的东西之后，他仍然感到内心空虚，原因是自我的渺小和微不足道。

这表明了，人们对更大、更有意义的事物的认同可能会减轻这种琐碎无聊。这个想法宣告了宗教的诞生。因为所有真正的宗教都开始于超越自我中心去追求意义和价值。宗教否认了自我可能拥有的终极性。

在走出自我中心主义的同时，我们会走向哪里？印度教提出了两个标志，它们一起组成了弃绝之路。

第一个是“社群”。在供养我们自己以及别人的生活上，社群的重要性是任何个体的生命所不能支配的。那么让我们服务于它吧，把它放在我们的前面优先考虑。

这种转变使宗教走出了最为重要的一步。它产生了责任。印度教认为，这是继享乐、成功之后人生的第三个伟大目的。对于成熟的人，其吸引力是巨大的。无数的人从一心索取转变为一心给予，从一心求胜转变为一心服务。不是去求胜而是要尽己之力，做好手头上的工作，这成为他们首要的目标。

印度教为那些愿意为集体服务的人指明了方向。按照人们不同的年龄、秉性和社会地位详尽描述其职责。我们将在随后的章节中加以详细省察，在这里我们只需要重复它与享乐、成功有关的说法：责任也会产生可观的回报，只不过人的精神还是没有得到满足。它的回报只有成熟的人才能欣赏，不过只要人成熟了，这样的回报也是殷实的。人们忠实地完成职责，并从同辈那里得到尊重和感激。更重要的是，人们做好分内之事令人有了自尊，不过这些回报最终被证实还是不够的。

因为纵然当时间把社群转变成了历史，历史本身仍然是有限的，最终还是悲剧性的。它的悲剧性不仅仅因为它必须终结——“历史也必定会逝去”——而且也因为历史拒绝被完美化。希望和历史之间总是相隔好多光年的距离，最终的善必然是远在他处。

人们真正想要的是什么？

到了某个时候，人们甚至会问莎士比亚，会问贝多芬，难道就是如此而已吗？

——阿道斯·赫胥黎（Aldous Huxley）

我很难想到一个句子能够比这更能正确地说明印度教对世界的态度了。世界所提供的已经足够殷实，能够满足我们很多世的生活。但是，最终每个人会读懂西蒙·威尔（Simone Weil）的话："天底下并没有真正的善，这个世界上的东西表面看起来是善的都不过是有限的，有限制、会消耗，一旦耗尽，这种必然性就赤裸裸地暴露无遗了。"

如果"耗尽"——有限的东西——不能完全满足我们的需要，那什么才能呢？只有它的另一面——无限。然而无限是一个高度抽象的概念，要把它与人类的满足联系起来，我们需要把它与我们一直讨论的东西结合起来。

印度教说，享乐、成功和责任从来都不是我们真正想要的，我们真正想要的是存在、知识和喜乐。没有人想要死亡、被蒙蔽或者悲伤。享乐、成功和责任只是类似于我们真正想要的东西，它们只是窥豹之管，通过它们我们才能真正地知道想要的是什么。然而，我们必须要附加说明，这些东西是暂时的，因为作为窗口，它们只能容纳有限的存在、有限的知识和有限的喜乐，而我们真正想要的是那些无限的东西。印度教徒把这第四个（真正想要的东西）称为我们所谓的"解脱"（moksha）——从一切使我们远离无限存在、无限知识和无限喜乐的事物中解脱出来。

这把我们带到了印度教那令人震惊的主张：我们所最想要的，我们能够拥有。似乎这样还不够，印度教补充说道：你们已经拥有它们了。

究竟人是什么？身体吗？当然。不过还有别的吗？还有人格，它包括心智、记忆和习性。除此之外，还有别的吗？有的人说没有了，印度教则不同意。隐藏在人的自我之下、使之更有活力的是一个存在储藏室，它永远不死、永不枯竭，并且在意识和喜乐上皆无限制。每个人生命中这一无限的中心——这种隐藏的自我或者“大我”——事实上相当于“梵天”或真神。身体、人格和梵我——个人的自我并没有完全说清楚，直到将这三者合并在一起时，才能解释清楚。

象头神
在印度最受人喜爱的神之一。

但是如果这样没错，我们的存在真的是无限的吗？为什么看起来并不明显呢？

印度教说，答案是埋藏在我们内心深处的永恒，不过这种永恒无法穿透我们的表面自我，被那一大团眼花缭乱的事物、臆测和自我关注的本能所遮蔽着。一盏灯可以覆满灰尘、污泥，几乎所有的光芒都被掩盖住了。人类的事业就是要清理个人的“灯罩”，让那内在的光芒完全散发出来。

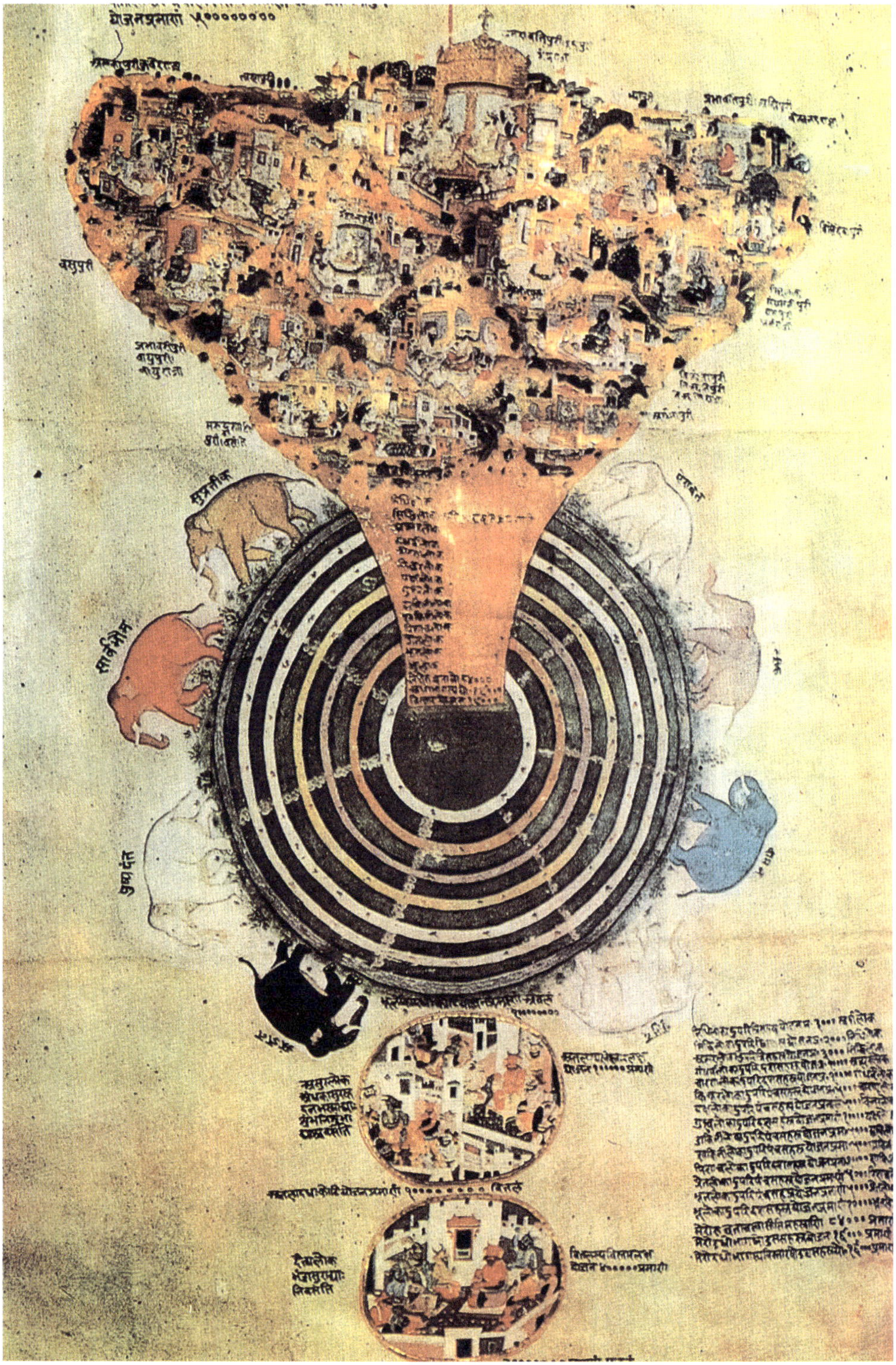

宇宙创世记　印度喜马偕尔邦州坎格拉县　18 世纪

通过大象的象征，说明世界从致密物质演变成宇宙的天上空间。

内在的超越

“生命的目的”，霍姆斯法官（Justice Holmes）曾说，“乃是要从不完美中获取尽可能多的东西。”

印度教认为完全超越不完美是可能的，并且把不完美简化为三种东西，即那些限制我们基本想要的喜乐、知识和存在的事物。我们先来看看喜乐上的限制，可以将其分为三类：肉体上的痛苦，因欲望不能满足而产生的挫败感，以及对生命的厌倦、虚空感。肉体上的痛苦可以缓解，因为它来自我们最终会超脱的肉体——印度人自我的精神特点逐渐被显露出来。

在他们看来，心理上的失望来自自我没有得到想要的东西，因此他们会表现为不再坚持自我。至于空虚，它会随着兴趣的延伸而减少，因为宇宙包罗万象，不可能乏味，而我们的自我也不会黯然失色。

生命的第二大限制是无知。印度教认为这也是可以去除的。《奥义书》上说，一种“对知识本体的认识，带来了一切事物的知识”。这里所谓的“一切事物”可能不是指字面上的全知，而是指穿透一切事物意义的洞察力。

至于生命的第三种限制，即受限的存在，我们需要先了解一下“自我的界限是如何被界定的”。当然，这不是指我们所占据的物理空间大小。比较可取的是，通过我们精神的大小、对真实的认识的多少来评价我们的存在。根据这样的判断标准，能够认同整体存在的人是没有限制的。可是这似乎不对，因为他们还是会死。他们关心的对象还会继续存在，可是他们自己却不复存在了。

瓦苏达拉庙紧挨着斯瓦扬布纳特寺。

因此，我们不仅需要从空间的角度来认识这个“存在”的问题，还要从时间的角度来切入。严格地说，我们生命的每一时刻都是死亡，那一时刻的我已经死了，永远也不会再生。虽然在这个意义上，我的生命事实上只由葬礼组成，但是我却不认为自己每一刻都在死亡，因为我并不把自己等同于每单一时刻的我。我穿过它们，仿佛它们是我生命绳索上的念珠，我经历了它们，但并不把自己与它们混为一谈。印度教把这个观念更推进一步。它把自我都看作是可延伸的，可以活过一世又一世，正如每个人的生命都可以活过一日又一日。

在加德满都，印度教的庙宇和佛教的舍利塔建在一起。印度教的神殿在佛塔的前面。

这是印度教对人的本质估量的基本观点。深层心理学让我们具备了这样一种观念，即我们的思想远比我们意识到的更加丰富。印度教把这种观念拓展开来，认为思想是无限的。它们在存在上是无限的，在意识上也是无限的，因为除它们之外，没有任何东西是未知的。它们在快乐上也是无限的，因为再没有任何陌生的东西来损害其福祉了。印度教文献中有很多比喻和寓言，想要唤醒我们注意那潜藏在生命深处的黄金王国。我们像患有失忆症的国王，衣衫褴褛地在自己的王国里流浪，而不知道自己到底是什么人；或者像一只与母亲失散了的幼狮，被羊养大，习惯了吃草和像羊一样叫。我们像在梦里绝望地寻找着自己的爱人的人，却不知道她一直就在自己的身边。

通往目标的四条道路

我们都处在生命创造力的无限海洋边缘。它就在我们心中，拥有最大的力量、充实的智慧和无尽的快乐，但它是深深埋藏着的。如果我们能使它重见光明，并且从中源源不断地汲取能量，那么情况将会怎样呢？

印度教有关实现人的潜能的发现，被归纳入瑜伽的范畴，瑜伽（yoga）这个词与英文中的牛轭（yoke）来自同样的词根，而“yoke”有两层含义：结合在一起（共同负轭）和接受训练（把我的轭放在你身上）。瑜伽是一种训练方法，用来引导人走向整合或是结合在一起。

瑜伽包含身体练习，但是其最终目的是与神结合在一起。印度教徒朝这个目标迈进的精神途径有四条。起初可能有点令人惊讶。想要实现这个目标，还有其他道路吗？如果我们从同一起点出发，情况可能是这样的，但是事实上人们是从不同的方向朝目标迈进，因此需要有多条途径。这里的不同起点是指不同类型的人。本书中所有宗教都承认不同的精神人格类型，但印度教对这一问题的关注是个例外，它只是设定基本精神人格的类型，以及针对不同类型设计与之相对应的有效的计划。

其结果是一种遍布整个宗教的重新认知，即走向神的途径有很多种，每种途径都需要一种特别的进展模式。

既然印度教设定的基本精神人格类型有四种，它们实现的类型也同样是四种。有些人主要是反省型的，有些人是情绪型的，还有一些人是行动型、充满能量的，最后还有一些人是实验型的。

神被描画为“千头千手”的形象。

印度教针对这四种人格类型，分别给出了不同的瑜伽，用来找到各个类型最强的特点。这些类型并非被严格分为没有交集的部分。每个人都在不同程度上拥有全部四种类型的某些部分，正如大多数人分到的牌里都包括全部四种花色，不过每个人都拥有自己最强的特点。全部四种途径都从道德准备开始。由于瑜伽的目的是要辨别自我的深层神性，必须去除表层的浮垢。自私的行为玷污了水的清澈，恶意扭曲了客观性。因此，每一种瑜伽的第一步，都是去除坏习惯、培养好习惯，如不杀生、诚实、不偷盗、自我控制、洁净、满足、自我约束以及到达目标的强烈欲望。把这些共同的初阶牢记在心，我们就可以来了解各种瑜伽的不同指向了。

通过知走向神的途径

“知的瑜伽”（Jnana Yoga）是为了那些具有强烈反省倾向的精神追求者而设的，它是一种通过知识而与神合一的途径。这种知识与事实信息毫无关系，它是一种直觉式的辨识力，把认知者转变为所知者的相似。思考对这类人来说是很重要的，他们的思想掌控着他们的生活，并改变着他们本身。对于这种认知类型的人，印度教提出了一系列的说明，旨在使一个人相信他所拥有的东西要多于他认为自己拥有的东西。这个计划的关键是辨识力，辨识那抬眼可见的表面自我和肉眼见不到的大我。

培养这种力量要经过三个阶段，首先是倾听，通过听取圣人、经书的教诲，求道者被引导去体认“人的根本存在是存在本身（Being itself)”。第二个步骤是思考，通过长期的、深刻的反省，作为假设而推论的第一个步骤假定了生命。这一步骤中提出了几条反省方法。信徒可能会被建议要省察他的日常用语，思考它的含义。

“我的”这个词总是意味着拥有者和被拥有者之间的差异。当我说到我的书或是我的外衣，我并不认为我就是那些东西。但是我也说到我的身体、我的心智或是我的人格，这证明，在某种意义上我同样认为自己有别于它们。

科学从不同的角度告诉我们，七年前在我身体内部的成分现在基本上荡然无存了，并且我的心智和人格也有了更大的改变。然而通过这些改变，在某种意义上我还是同一个人，那么这组成我的恒久不变的东西是什么呢？我们用的“人格”一词来自拉丁文 persona，它最初是指演员在舞台演出时所戴的面具。面具记录的是角色，而在它后面的那演员则是隐匿的、不具名的。印度教徒把这看作是一种恰当的类比，即我们永恒的灵魂被投射在它们不同的一生中扮演的不同角色上。

印度阿布山维玛拉沙庙中耆那教徒的山卡，或者大师。

一个瑜伽行者如果能干又勤奋，这样的反思最终就会引发在有限自我之下的无限自我的一种生动感受。这两者的差别会变得越来越大，先前水乳交融的地方会变成如油水分离一样。那么人们就该准备好走上知识之路的第三步了，这一步将自我认同转变为恒久不变的东西。一种行之有效的方法就是以第三者的角度来考虑有名无实的自我。不再想着“我在街上走”，而是想着“西比尔（Sybil）在第五大道上走”，这是通过从远处想象西比尔来支持这一命题的。

这一练习等于同时在做两件事。一是把自我认同和表面自我区分开来；二是把这种自我认同推向了更深的层次，直到最后通过一种与存在等同的知识，使人完全转化为那个内心深处的自己。

“你即彼，除你之外，并没有另外的见者、听者、思想者或行动者。”——《奥义书》(*Upanishads*)

通过爱走向神的途径

“知的瑜伽”据说是通往神性的捷径，也是最难进入的。因为一般来说，生命的激发多是发自情感而较少发自理性，其中最强烈的情感是爱。“爱的瑜伽”（Bhakti Yoga）的目的是引导潜藏在每个人心底的爱朝向神。

《薄伽梵歌》（*Bhagavata Purana*）中的神说，“正如恒河的水不停地流入海洋，‘爱者’的心灵也不断朝‘我’而来。每个人心中都存在着无上的真人，他们立刻会听到有着‘我’的特质”。

“爱的瑜伽”是四种瑜伽中最流行的，最著名的宣教者之一是16世纪一位名叫杜尔胥达斯（Tulsidas）的神秘诗人。

在早年的婚姻生活中，他非常挚爱他的妻子，以至于一天见不到她都不行，他妻子说：“你那么深情地依恋我啊！假如你把这种依恋转给神的话，你就会立刻见到他了。”杜尔胥达斯把妻子的建议深深记在心里，他真的成功了。

“爱的瑜伽”与“知的瑜伽”设想的神不同。在“知的瑜伽”中，其指导形象是在我们有限自我的波浪下隐藏的无限海洋。这样想象后，神是非人格性的，或者说是超人格性的，因为人格（就定义来说）似乎是有限的，而知的神性却是无限的。对于“爱者”来说，感觉要比思想更加重要，神在这两个方面都是不同的呈现。

首先，由于健康的爱是外向的，“爱者”会拒绝所有认为人爱的神只不过是自己，甚至是那最深层的自我的说法，坚持神的他在性。正如印度教的祈祷经文所说，“我想要尝尝糖的味道，但是我不要成为糖”。

“水能把自己喝干吗?
树能尝到自己长出的果实吗?
崇拜神的人必须跟他区分清楚,
只有这样,他才能知道神欢乐的爱。”

其次,即便相信神的他在性,爱者的目标也与知者不同。爱者不会努力去与神认同,但是会通过他或她存在的每一个成分来崇拜神。在这种瑜伽中,我们所能做的就是深深地热爱神,不只是声称爱神,而是真的爱神;只爱神(或者与神有关的东西),爱神不需要理由(更不是为了爱来回报自己),只是为爱而爱。如果我们能做到这一点,我们就了

东非的印度教徒在庆祝克利须那神的生日。

一位女性虔诚地在恒河边行洁净礼。

解了快乐，因为没有任何经验能跟这种全心全意真正的爱相比。

如何才能产生这种爱呢？这项任务并不容易，因为这个世界如此喧嚣，以致无形的神不容易被察觉到。

走进印度教的神话，你就会看到她那美妙的象征，她那几百个神的形象。她的仪式日夜不停地轮转，像是永不停止的祈祷之轮。当然，如果这些神像或仪式以其自身的价值为目的，就有可能篡夺了神的位置，但是这却不是它们的本意。它们是媒介，其职责是带领人心去到那不是它们本身而是它们所代表的东西那里。把印度教的形象与偶像崇拜混为一谈，把它们的多样性当作多神论，这是再愚蠢不过的。它们是跑道，人们通过它们让那困于感官的精神得以跃升，这是为了“孤独者朝孤独本身的飞翔”。例如多臂形象代表神的力量；神话能够探察接近智慧的深度；寓言和传说能用它们的方法来表达理想，使听的人热切地想要去践行。这些东西的价值在于能够把我们迷失于世界的心召回到对神的思想和对神的爱当中。在对神的赞美声中，在全心全意热忱地对神的祈祷中，在沉思神的庄严和荣耀中，在阅读有关神的经典中，在把整个宇宙当成神的作为中，我们把我们的爱稳定地朝向神。

“爱者”的方式有三个特点：亚帕姆（japam），反复诉说爱的变化，崇拜个人选择的理想。亚帕姆是重复神的名字的实践。在俄罗斯性灵经典之作《朝圣者之路》（*The Way of a Pilgrim*）中，我们找到了与基督教相似的东西。“在你所有的活动中，一直不间断地呼唤神的名字”，这是最受欢迎的“爱者”座右铭之一。一个人不论是在洗漱或是在纺织，在种植或是在购物的时候，神圣的祷告穿透潜意识，使之充满着神性。

购买花环来庆祝是很多印度教圣节中的一环。

不断述说着爱的变化以应用到宗教上，是因为爱是按照它所牵涉的关系来表现出细微的差别。父母对孩子的爱带有保护的色彩，而孩子的爱含有依赖的意味。朋友之爱与男女之爱不同。一个忠实的仆人对他的主人的爱又有不同。印度教认为所有这些模式在加强对神的爱时都有意义，鼓励“爱者”在不同的场合对它们加以使用。

我们最后要谈到，以个人选择的理想形式来崇拜神。印度教徒以数不清的形象来代表神。它们同样都指向神，但是每一位信徒最好还是对其中的一个产生一世的依恋关系。只有这样，它的意义才能深化，它的力量才能充分发挥作用。对大多数人来说，最理想的形象是神的化身之一，因为人的心很自然地转向去爱人。

通过工作走向神的途径

第三条走向神的途径是“业的瑜伽”(Karma Yoga)，这是专门为精力充沛的人而设的，即通过工作走向神。

工作是人类生命的主要标记，这不仅仅是因为人们必须通过工作才得以生存；大多数人喜欢建设性地参与——他们能感到满足。对于这类人，印度教说，你不必退居修道院才能认识神，你可以像在任何别的地方一样在日常生活中发现神。所以你需要做的是学会如何工作，了解工作如何把你带到神那里，而不是远离神。

要做到这一点，还要视工作者性格的其他部分而定。在选择工作的道路时，从事“业的瑜伽”已经表现出一种朝向活动的趋势，但是还有一个问题，那就是要看这个人的具体作为是侧重反思的还是情感的。其答案决定了该名瑜伽行者是以智力还是以爱的精神来对待工作。在第一种情况下，从事“业的瑜伽”要经过仔细的实践，以知（知识）的模式来进行；而在第二种情况下，它是以爱的服务来体现的。我们需要看到精神动力在这两种情况下是如何运作的。

根据印度教的教义，每一次朝向外在世界的行动都会反作用到实践者的身上。我为一己之私所做的任何事情都会加重我的利己主义，因此我与神之间的距离又被拉大了很多。相反，我的每一种无私的行为都将减少我的自我中心，直到再也没有任何障碍把我和神隔开。在坚持这项原则的同时，有情感倾向的人应当为神而不是为自己工作。“那些无拘无束地去行动，并且把自己托付给神的人，就像莲叶不会被水玷污般，不会受影响。”(《薄伽梵歌》)这样的人仍然像往常那样积极行事，却是为了不同的目的，即出于奉献去工作，他们的行为已经不再是出于个人的目的。他们现在所做的不仅是为了服侍神，而且是遵循神的意志、在神的能量的推动激励下进行的。“你才是做事的人，我只是工具。”在这种精神下完成的行为是在减轻自己的压力而不是拖累自我。此时，每一项任务都变成了一种神圣的仪式，人们为了神的荣耀倾注全部的爱也在所不惜。

对于那些反思型而非情感型的人来说，把工作当成走向神的途径是与众不同的。他们也在无私地工作，只不过他们用的方式不同。我们看到，哲学家往往能够发现更有意义的观点，是那潜藏在个人内心中的无限存在，而并非那满含爱意地注视世界的神性创造者。因此，随之而来的是，他们较少从关系的角度来对待工作，而是通过工作寻求启迪，并非加深爱的关系。

他们做到这一点的方式是通过超然的精神去工作。他们在有限的自我和无限的自我之间划出一条界线，然后有系统地与有限的自我对立起来。就工作而言，这意味着培养一种“它对我有什么好处”的兴趣，不管这种回报是现金，还是一种认可。那种情绪是愉悦的，但是“业的瑜伽”知道这种做法的代价：一旦他们投身其中，就很容易自我膨胀。在这样做的过程中，他们加剧了现在有限的自我和真实的自我之间的隔绝，并且使它更趋近孤立。

另一种选择是工作者超然地去工作，几乎与经验的自我完全脱离开来。他们一边认同永恒，一边继续工作，不过因为事情是经验的自我所做的，真实的自我与它们没有任何关系。“如果做工作的人是出于责任而工作，并且一点也不关心工作的成果，他就是瑜伽行者。”（《薄伽梵歌》）他们会尽最大的努力去做事情，但不去理会结果是怎样的。“对我来说是

印度乡下的手工制陶者。

得或是失，对我来说是誉或是耻，对我来说是乐或是苦。”(《薄伽梵歌》)在工作中驾轻就熟的人，他们即使在忙碌的时候也很平静，就像高速运转的轮轴中心，它是绝对运动中的静止。虽然反思型和情感型的人实践“业的瑜伽”的方式不同，但他们共同的追求是很容易理解的。

这两种瑜伽修炼者都进行激进的节食，目的是通过将他们对工作的兴趣从有限的自我中抽离出来，而限制其增长。

通过身心训练走向神的途径

因为“修的瑜伽”（Raja Yoga）能带领人达到令人目眩的高度，所以它在印度被认为是“通往重新整合的皇家大道”。这是为那些具有实验精神的人设计的，它是一条通过身心训练来走向神的途径。

与自然科学中的实验不一样，“修的瑜伽”是作用在自己身上。不需要接受什么教义，但是它的确需要设计假设来加以证实或否定。“修的瑜伽”背后的假设是印度教有关自我的教旨，可以将其陈述如下：自我拥有四个层次。首先最明显的是我们有身体，其次是我们心灵的意识层。这两层之下的是第三领域——个人下意识领域，这是通过我们个人的历史所建构出来的。我们遗忘了这些经验中的大部分，但是它们却继续塑造着我们的生命。西方人熟知关于自我的这三个层面。印度教观点的不同之处，是它包括第四个层次。在上述三个层次之下，甚至比隐蔽的下意识更少被有意识的心灵觉察到的，就是存在本身，它是无限的、不受阻挠的且永恒的。

> “我比最小的原子更小，同时比最伟大的更伟大。我是整体，是多样的、彩色的、可爱的、奇异的宇宙。我是古老的存在，是主。我是纯金的存在。我是神圣至善的本然状态。”

“修的瑜伽”的目的，是通过引导探究者去体证个人对“内在的超越者”的直接经验，从而证实人类对自我四层评估的有效性。方法是有意识地进行内省，其意图是驱使自我灵魂的能量达到最深的部分。有了

“修的瑜伽”为我们提供的假设，我们就可以开始陈述证实假设的实验本身的八个步骤了；目标越明确，收获也越多。

第一和第二个步骤涉及全部四种瑜伽的道德准备。因为除非个人的生活井然有序，人际关系和谐，否则就不可能达到更深的自我认知（水面将波涛汹涌）。步骤一涉及五大戒律：不杀生、不撒谎、不偷盗、不淫和不贪；步骤二涉及五种习惯：清洁、满足、自制、勤勉以及对神圣的冥想。

第三，尽管“修的瑜伽”主要是锤炼心灵，但是也要做身体的修行。更准确地说，它是经由身体来对心灵起作用的。除一般的健康之外，在此处的主要目的是，心灵在专注的时候不让身体来打扰。在这里，印度最重要的发现是“莲花坐姿”（最理想的是坐在虎皮上，因为它象征着能量；下面一层是鹿皮，它象征着安宁），瑜伽行者以双腿交叉的方式而坐，使每一只脚的脚底朝天放在另一侧的大腿上。脊椎顺应其自然的弯曲程度伸直，双手手心向上，大拇指轻触，重叠放于大腿内侧。双眼可以合上，也可以不聚焦地注视地上。

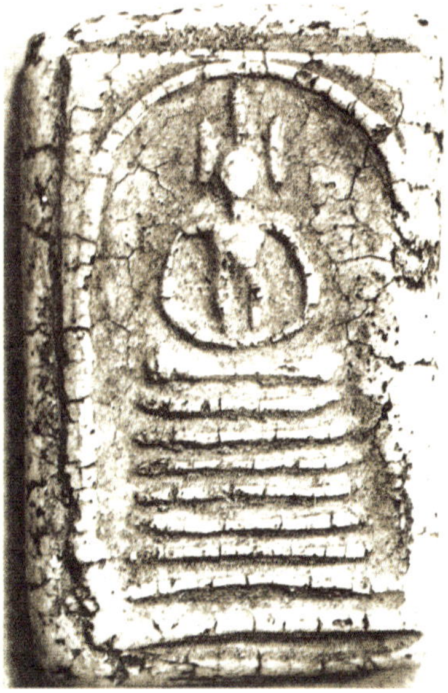
滑石印章上描述的是戴有三叉戟象征的处于冥想中的瑜伽行者，在他的后面刻画的是他对七级生存空间的超越。

第四，瑜伽行者把身体安置在一种既警惕又放松的姿势上，他必须呼吸，而未经过修炼的呼吸会破坏心灵的平静。他通过平衡呼吸或者减缓呼吸来达成“修的瑜伽”的主要目的。一项典型的练习是用鹅绒轻触呼吸者的鼻孔，让旁观者看不出究竟是在吸气还是在呼气。闭气也非常重要，因为此时没有呼吸，身体处于一种暂停的状态，而且心灵如同脱离了身体一般。这些是做这项任务时应该珍惜的时刻。“烛光，是不会在无风的地方跳动的。”(《薄伽梵歌》)

第五，冷静沉着、身体轻松自在、呼吸均匀，瑜伽行者在冥想沉思中端坐着。突然，门开了，一道月光闪烁在前方的土地上，一只蚊子发出嗡鸣，这时，他回到了世界之中。“心灵是不安的，在感官的控制中受到如此强烈的震动。我真的认为，风都没有那么狂野。”(《薄伽梵歌》)

也就是说，“修的瑜伽”的第五个步骤的目标是去掉个人的感官接收器，或者暂时停止它们的活动，这样世界的喧嚣就不会干扰瑜伽行者的专注。能做到这一点又不至于伤害身体，是一种常见的经验。一个男人提醒他的妻子，他们要去参加聚会。五分钟后，她却坚持说没有听到；他坚持说她一定听到了，因为他是在隔壁的屋子里并且说得很清楚。谁说得对呢？这是一个定义的问题。

如果听见的意思是指频率足够的声波撞击在健康的耳膜上，那她就是听见的；如果是指这些声波被她注意到了，那么她就没听到。这并没有什么深奥难懂的，它们的解释只不过是专心与否——那位妻子当时正全神贯注地看着电脑。这第五个步骤没有什么神秘之处，它只是试图把瑜伽行者带到超过那位妻子所到达的境地。首先，把专注从一种偶发的事情转变成一种可以操纵自如的技巧；其次，通过提升技巧，达到对同一屋子里的鼓声都注意不到的程度。

第六，最后瑜伽行者与他的心灵独处，但是战争尚未打赢，心灵最凶恶的敌人是其本身。即使与自身独处，心灵仍然没有丝毫想要安静或顺从的样子。瑜伽行者想要它静止，用像平静的湖面反射月光的方式来

圣水沐浴节时在恒河附近冥想的瑜伽行者。

瑜伽行者在展示七个轮穴。

反映真实。相反，它的表面经常是波涛汹涌的。印度教把心的躁动比作一只发狂的猴子在笼子里腾跳，或者说，是一只喝醉了的、发狂的猴子，更有甚者——是一只患有舞蹈症的喝醉了的发狂的猴子。不，甚至这种描述还远远不够。心灵像是刚被黄蜂蜇过、患有舞蹈症的喝醉酒的发狂的猴子。

那些认真尝试冥想的人中，很少有人觉得这个暗喻夸大了事实。我让我的手抬起来，它遵从了我的意志。我让我的心灵静下来，它却嘲笑我的命令。精神病患者的心灵比正常的心灵更不受控制，只要有一点点刺激，它就立刻陷入幻想中。“修的瑜伽”是为专注力服务的，这种专注力超越了正常的心灵，就像正常的心灵超越了精神病患者的心灵一样。

> “当所有的感觉都静止了，当心灵安定下来了，当理智不再动摇——智者说，那就是最高的境界。”——《羯陀奥义书》

到达这种境界的方法并没有什么奇特的，只不过很艰难。开始时通过放松心灵，让那些被压抑的思想和情感通过自由联想而释放出来。接着选择一样东西来集中注意力去专注（一支点燃的香，想象中一片无限光亮的海洋，目标是什么无关紧要），要练习把心灵专注到目标上，直到成效不断增加。

第七，最后两步是这个专注的过程持续不断深化的阶段。在前一步骤中，心灵被引导到能稳定地朝着目标前进的地步，但是它意识到它正持续注意着目标。在第七个步骤中，认知者没有了思想。目标占据了他的全部专注力，个体的自我意识完全消失了。

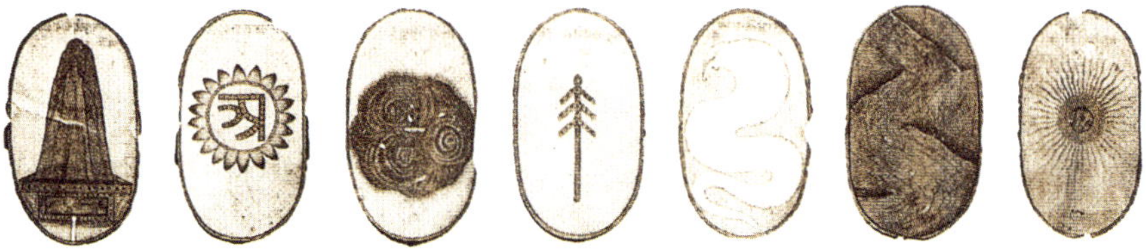

一套七幅水粉画
描述的是宇宙进化和退化的各种层次。

第八，在这一步中，最高的境界（梵文称之为samadhi，三昧）是目标也消失了。物体作为一种集中注意力的工具是有用的，但是现在这个目的已经达到了，它就没有意义了。物体的本质是有限的，因为它们是由一些属性组成的，这些属性通过排除那些不属于它们的属性来使它们保持原有的样子。如果一个茶杯是方的，那它就不可能是圆的。但是“修的瑜伽”所寻求的“目标”不排除任何东西，因为它是无限的，因此也是无形的——“与所有的性质分离，既不是这又不是那，没有形式，也没有名字”。(《奥义书》) 认知者所面对的是全部的存在，因此着了魔，彻底消融在其中。

我们已经展示了四种瑜伽，但是要以一开始就说到的一点来做结论：印度教把它们看作是彼此相容的。没有人是单纯内省的、情感的、活跃的或是实验性的，而且不同的生命情境需要不同的资源参与其中，大部分人会觉得若选择的一条路比其他的路都好，就该一直坚持；但是印度教鼓励人们去尝试所有四种方法，并且将它们尽量结合起来以适应自己的需要。

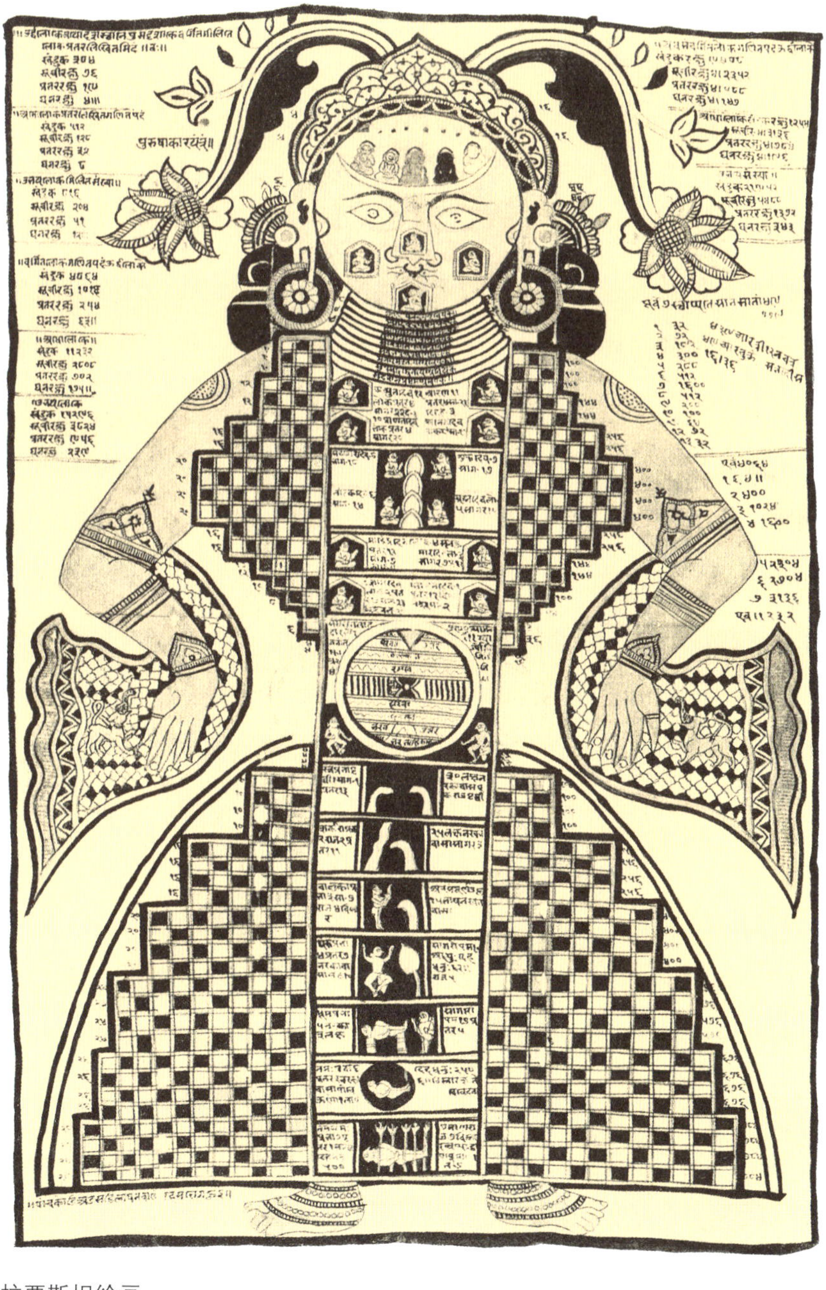

拉贾斯坦绘画

描述的是经验层次的上升与下降，中间的圆圈是标准真实的层次。

生命的阶段

人是不同的。很少有比这更陈腐的观察，不过严肃关注这一事实却是印度教的特色之处。在前面的几个章节中追溯了其强调的内容，即人性格的差异需要通过不同的途径来走向生命的实现。我们现在必须关注来自另一方面的同样的强调。不仅人与人彼此不同，每个人还经历着不同的生命阶段，并且每个阶段都需要有他们自己的规划。

印度教将第一阶段称之为学生阶段。传统上来说，这个阶段是在 8 岁到 12 岁之间，在入会仪式之后开始，一共持续 12 年，这期间学生通常住在老师家里，尽学徒之劳。这是一段学徒期，在这个过程中，习惯的养成、技能的培养和知识的获得同时进行。

第二阶段通常开始于婚姻生活，是居家期。这是生命的全盛期，其中兴趣和精力自然是转向外面的。通常有三种合适的渠道（家庭、事业和个人所属的社区），注意力会在这三者之间进行分配。这段时间是要满足人最初的三项需要：主要是通过婚姻和家庭生活而得到的快乐，通过事业而取得的成功，以及通过公民参与而体会到的责任。

印度教对这些需求的快乐实现报以微笑，但是在它们开始衰退时也不会事先给予人警示。那些试图对它们紧抓不放的人的情况可不太妙，因为对他们来说，人生的追求要适当，如果过分地痴迷固守就会变得荒诞可笑。然而，我们不能谴责这样的人，因为他们看不到生命的另一领域，只能继续抓紧他们所知道的那一套，他们所提出的问题也很直率：“老年到底还有没有价值？”

这个问题的答案在于我们是如何认识自己的。如果我们最关注的是身体，就没有什么能与感官享乐相比的了。如果我们关注人格，那么最能满足我们的是个人成就。但如果我们看重的是灵魂，那就没有什么能比发现内心那令人敬畏的未知世界更令人兴奋的了。因为印度人很重视自己的灵性，他们期待生命的后半段，把这段时间作为一个人真正接受成人教育的时间。“抛弃一切，追随自我！享受那难以言说的富足。”（《奥义书》）

生命的后半段也分为两部分，首先是退休阶段。一旦有了第一个孙子，个人就以年老为借口，从他一直承担的社会责任中退隐下来。很多年以来，社会已经预支了他生命的一部分，现在该是他放轻松的时候了，否则生命就会在未被了解之前结束了。在传统上，那些最为这种精神冒险所引诱的人被称为“林栖者”（如果妻子愿意也可以夫妇同行；如果妻子不愿意，丈夫就只身前去），他们将离开家庭，去森林的孤寂中寻求自我发现。他们退隐着，朝星星之外看出去，而不是朝乡村的街道看去。是时候编织出一套哲学，然后将之转为一种生活方式了。

印度纳西克圣水沐浴节中的湿婆苦行僧。

在第三阶段开始的探索，一直持续到第四阶段——即弃绝阶段，但是在这里它又获得了一种新的展现。地理环境变得不再重要。在退休阶段时，地理环境是很重要的，因为如果一个人不搬家、不挪动，其他人就会一如既往地对待他，而他也会一直是那样的状态。他需要彻底地、及时地停止这一切。然而随着时间的推移，经过了退休阶段，一个人变得开始专注于内心，无论你在哪里都不重要了。市场，或者说是以前的村庄，如今也变得像森林一般宜人了。不过，虽然这个人重新进入这个世界，他却变成了不一样的人。在发现了自己完全从一切限制中释放后，桑雅生（sannyasin，最后阶段中对那些人的称呼）就可以区分他的真实自我与他的有限自我，无论他在何时何地。

加德满都街头扫大街的人属于印度种姓制度中的首陀罗阶层。

生命的状态

人是不同的——我们又第三次回到印度教的主要信条上。我们已经追溯了不同的人采取不同途径走向神的含义，以及在人一生不同阶段时其生命相应的不同规划。现在我们就要谈到它对社会秩序的影响，这也意味着我们必须要谈到种姓观念，这个话题恐怕是印度教中最为世人所知并且受到最严厉抨击的内容。

我们将回避“种姓是如何产生的”这个模糊的问题，并即刻记录下从一开始就随之而来却不应该存在的罪恶：被完全排除在种姓制度之外的无种姓者（贱民）的悲惨处境；在种姓制度之下再分成次级的种姓，到现在已有 3 000 种之多；大规模禁止异族通婚及共餐；更有利于高种姓的人的不公平现象；以及将种姓制度变成了世袭制度，使人们世世代代留在其所出生的种姓之中。

面对如此严厉的指责，你会吃惊地发现，有些非常熟悉西方体制的现代印度人却在为种姓制度辩护——当然不是整个的制度，而是它的基本形式，尤其是在它已经堕落到现今地步的情况下。像这样的制度可能有什么永久的价值呢?

根据对社会做出最佳贡献以及尽可能发挥自己潜能的方式，他们把人分为以下四种。

第一类是婆罗门（Brahmins）或者见者（seers)。他们内省并且有敏锐的直觉，能领会到什么是生命中最重要的，这些人是知识上和精神上的领袖。在我们比较专业化的社会中，其功能就分配在哲学家、艺术家、宗教领袖以及教师这一领域。心灵和精神的事务是他们的素材。

第二类是刹帝利（Kshatriya），他们是天生的行政人才，有组织和规划的才能，能使人尽其能、物尽其用。

第三类是制造者，他们是工匠和农民，在我们这个时代，他们是工程师，善于制作生命赖以生存的物质成品。这些人就是吠舍（Vaishya）。

最后一类是首陀罗（Sudra），其最典型的代表是跟随者或被雇用的人，又被称为非技术性的劳工。这些人如果要为自己开辟前程，长期训练自己，或独立从事经营，就会一败涂地。他们的注意力是相对短暂的，他们不愿意为了未来的报酬而牺牲眼前的利益。然而在监督之下，他们却能够努力工作、竭诚服务。这种人为别人工作远比独自开创事业更好（事实上也更快乐）。承认第四类人的存在，与现代的民主与平等的原则相悖，而传统的印度教徒会回答："我们希望人们成为什么样的人，这并不是重点。问题是人们究竟是什么。"

在每个种姓之内存在相当大的平等、机遇和社会保障，但是种姓本身的等级是十分严格的。即使在这里，也存在一种潜在的平等主义，因为人们认为，在他们多重化身的过程中，所有的灵魂（jivas，个体灵魂）将从最低的等级开始经过所有四个种姓。然而，更有趣的是，这一体系在某一特定方面寻求平等种姓的方式。所有四个阶层的劳动都应该获得平等对待，但这并不意味着他们应该得到同等的报酬，因为其前提是每个人最看重的是报酬。事实上并非如此，也就是说，人们应该得到不一样的报酬。生产商占有生产资料，他们应当得到他们认为最有价值的东西：用金银财宝和货币可以买到的东西。管理者更加醉心于人际关系：社会机构的结构和动态，因此，权力（社会、政治和行政权力）应该是他们独特的报酬。财富和权力都不是婆罗门最感兴趣的（如果是那样的话，他们早就被抛弃了），因此，他们应该得

贝拿勒斯的婆罗门教士
婆罗门是哲学家、学者和印度教的领袖。

到的报酬是仍然执着于这些东西上的种姓的尊重，还有很多追随者。理论上说，他们应该承担较少的责任而享有最大的自由。被雇用的人不需要一辈子被契约束缚在一份工作上，而且在结账的时候，他们一天的工作就结束了——他们的工作不再“奴役”他们了。印度可从来没有把民主和平等主义混为一谈，公平被定义为：权利与责任成正比的一种状态。高等的三个种姓（二次降生，因为是宗教上的缘起）更受尊敬、更富足、更有权力，但是他们的责任也更大。刚好与欧洲国王永远不会犯错的教义相反，印度教的观点几乎主张追随者（最底层的种姓首陀罗）永远不会犯错，这类人被当作小孩子，其他人不应该对他们期待太多。古典的法律教条规定，同样的犯错，吠舍（生产商）的刑罚要双倍于首陀罗，刹帝利的要再双倍地加重，而婆罗门的则再双倍甚至四倍于刹帝利。在印度，下等种姓是不受高等种姓所受的许多形式的约束的，如信守正直和克制。这个种姓的寡妇可以再婚，不吃肉和不喝酒的规定也没有那么严格。

原则上说，类似这样的东西过去是、现在仍然是法律上（de jure）的种姓。实际上（de facto），理想是不切实际的。从种姓意味着僵化的、排他的以及不当的特权来说，当今的印度正在尽力地从他们的体制中清除这种腐败。不过仍然有许多人相信，没有任何国家能够解决这个问题——如何使社会能够确保最大的公平和创造——种姓的基本问题会继续受到关注。

到目前为止，我们主要是以其现实的影响来谈印度教的。一开始我们分析了人的需要，追溯了其可能实现的方法，以及人生不同阶段和位置的相应的反映。余下的章节，我们将把焦点从实践转移到理论上，指出印度教的主要哲学观念。

湿婆好战的配偶
杜尔迦征服野牛
魔鬼。

在汝之前所有的话语都消退了

日本花道的首要原则就是学习有些花不要放进去，这也是印度教所坚持的在谈到神时的首要学习原则。思想和事物是有限的，而神是无限的，对那不可追寻的事物唯一精确的文字描述就是 neti……neti，“不是这……不是这”。如果你纵横宇宙，对你所见所想的每一件事物说：“不是这……不是这。”那么剩下的就只有神了。

一则著名的印度祈祷文是这样的，“啊汝，在汝之前一切话语都消退了。”然而，文字和概念却是不可避免的，因为没有它们，我们会一事无成。概念虽然永远不能带领我们到达目的地，却能给我们指出正确的方向。印度教把最高的真实叫作梵天（Brahma），它含有双重字源，分别来自 br——呼吸，brih——伟大。与这个名字有关的主要属性（特质）有 sat、chit、ananda，即神是存在、觉知和极乐。全然的真实，全然的意识，全然地超出一切可能的挫折和徒劳——这就是印度教对神的基本看法。我们仅需记住，我们对这些特性的理解只是接近于它们内在的神性。

这就是有些思想在对神的洞察时所需达到的极限了。然而，大多数人认为这些抽象概念是很空洞的。刘易斯（C.S. Lewis）就是其中之一。他告诉我们，在他的孩提时代，他的父母就不断告诫他不要以任何具体的特性来思考上帝，因为这样做会限制其无限性。他尽最大的努力去做，可是对于无形的上帝这个观念，他最接近的想法也只是一个无垠的灰色珍珠粉的大海。

这个小故事表明，大部分人的思想几乎都需要借助图画来提供牵引力。印度教鼓励这类人将神想象成他们在自然世界中所遇到的最高贵的实例。这就是说，把神想象成一位至高的人，因为人是自然界最高贵的王冠。

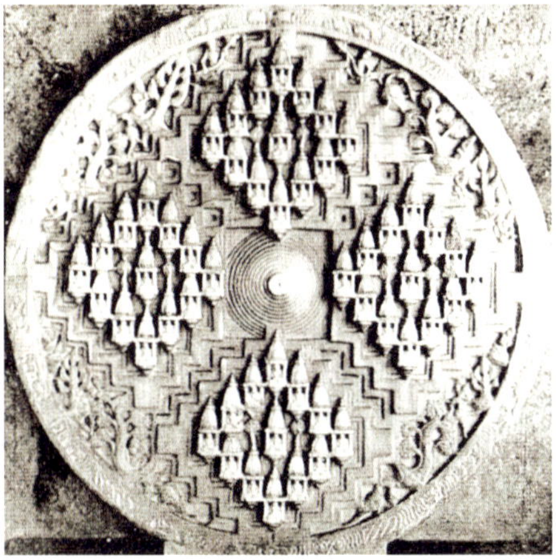

热那克普阿迪纳特寺屋顶的曼陀罗
展现的是宇宙中心原始的声音向外扩散到物质领域。

如此想象的神就是有德梵（Saguna Brahman）或有属性的神，这不同于哲学家更抽象的无德梵（Nirguna Brahman）或没有属性的神。

无德梵是没有水波的海洋，有德梵是有巨浪和波涛的海洋。以神学的语言来说，这种差别是对神人格性和超人格性的理解。印度教包括了对两种观点的最高拥护者，但是总体来说这两种观点都得到了认可，正如科学家接受物质的波和粒子两种描述方式。神与世界的关系，根据其所信奉的符号象征的变化而变化。用人格性的词语来想，神与世界的关系就像艺术家与他的作品的关系一样。神是创造者（大梵天，Brahma）、维持者（毗湿奴，Vishnu）和毁灭者（湿婆，Shiva），最终将所有有限的形象解体恢复到它们的原初存在。

从超人格性来想，神不会小心翼翼地行事。这个世界仍然是依赖神的。它会以某种深不可测的方式从神圣的充满中出现："它闪耀着，太阳、月亮和星辰跟着它闪耀；因为它的光亮，一切都闪耀着。"

但是神不会有意地去支配世界，也不会被世界固有的不明确、不完美和有限所影响。

埃勒凡达岛上的穆尔蒂神像。

在宇宙中成长

明白了神在印度教中所占有的位置后，我们可以回到人身上来，看看印度教是如何认识人的本性和命运的。

个体灵魂（jivas）神秘地进入到世界中，我们可以确定是依靠神的力量，但是我们无法完全理解它是如何进入的及进入的原因是什么。正如在烧滚的茶壶底部形成的水泡，它们通过水（宇宙）一直上浮，直到释放在无限的大气中。他们以最简单的生命形式开始，但是他们并不跟随原先的身体死亡而消失。在印度教看来，精神不再依赖于它所存在的肉体，就像身体不再依赖于它所穿的衣服或所住的房子一样。“穿破了的衣服，被身体丢弃；用坏了的身体，被所居者遗弃。”（《薄伽梵歌》）

个体灵魂穿过一连串身体的过程，就是所谓的再生或者轮回。在人的层面之下，这个过程是自动完成的，也就是说，灵魂如同在自动扶梯上一样，通过越来越复杂的动物形态跃升，直到获得人身。随着这种获得，情况发生了巨大的变化。灵魂第一次认识到了自我，随着它的自觉意识，自由和责任也就产生了。

把这些新的获得结合在一起的机制就是“业”（karma）的法则。“业”的字面意思（正如我们在业的瑜伽中已了解的）是工作，但是作为一个教条，它的意思大概是道德的因果律。这一法则在西方并不陌生，“一个人种下什么，他就会得到什么”。印度人所做的就是把这一法则收紧，不容许有任何例外。每一个内在生命的现状正是它过去所想所做的产物，不管它有多快乐、多混乱或者多宁静，能看到多少。同样的，它当前的思想和决策就决定着它未来的经验。每一种指向世界的行动都会对行动者的自我产生反作用，从而塑造着一个人的命运。

这个全部道德宇宙的观念，使印度教徒去承担完成个人责任的义务。它不容许任何心理投射（责怪别人来为自己开脱），或诉诸坏运气来为自己开脱。然而，这不是宿命论。业力判定每一个决断必然有其无法逃避的后果，而且这些决断本身都是自由地达成的。如果玩牌的人拿起在之前摸到的牌，那么现在他可以自由选择如何去玩。一个灵魂所遵循的过程是由灵魂的需要和它在旅程中每一阶段的行为所计划好的。

这里可以很快地复述出来，那些灵魂想要的东西是什么。灵魂在达到人类层次后，最初只是作为一个新的身体组成部分，只不过是想要广泛地去尝试那快乐的感觉。然而，随着不断地重复，这些快乐逐渐变得习以为常，因此变得越来越乏味，于是这时灵魂就逐渐将注意力转向社会征服。只要财富、名誉和权力仍然令人兴奋，它们就很满足。但是当新鲜感消失了（当获胜者先前已经很多次得到荣誉，鞠着同样的躬，说着同样的感谢词时），它就开始寻找新东西和更令人满足的东西。一个人把整个生命奉献给社群责任能满足自己在一段时期内的需要，但是历史的吊诡和反常把这个目标也变成了一扇旋转门。人们靠着它，它就会转动，但是人们会立刻发现它是在不停地转圈子。人在为社会奉献之后，那唯一能满足的善就是无限和永恒：解脱。这个上升的进程是曲折的，但总的方向是向上的。最终，每个人都能体会到这一点。

公元5—9世纪的笈多王朝期间建造的菩萨身躯的红砂石像。

在这个朝圣的途中，人类的精神永远不会是孤独的。自始至终，它的核心是灵魂（Atman），内在的神，像玩偶匣般被施压后会寻求释放。或者从爱的角度理解，神是一个人永恒的伴侣，是理解你的朋友。

那么，当灵魂的目标达成的时候会发生什么呢？有人说，个体灵魂将会与神合一，完全丧失其以前独立时的痕迹。另外有些人想要尝到糖的滋味而不成为糖，希望灵魂和神之间仍然能保留一些细微的差异——这里有一条细线，保留了爱和美好愿景所需要的两重性。

有一则印度的寓言描述了灵魂在宇宙中成长的过程。一位老人坐在草地上，有一群孩子围在他身边，听他讲述那能满足一切愿望的魔法树的故事。“如果你对它说话，告诉它一个愿望，那么这个愿望就会实现。”老人又告诉他们，他曾经得到过这样一棵树，并把它种在自己的园子里。“事实上，那边那棵就是魔法树。”

孩子们立刻朝树跑过去，开始对它说出很多的要求。这些要求大多都不是很明智的，结果孩子们不是消化不良就是大哭一场。但是魔法树仍然不加区分地一概予以实现。它没有给予孩子们劝告的兴趣。

很多年过去了，魔法树被人忘记了。孩子们也已经长大了，正在努力实现他们新的愿望。最初他们想要愿望立刻实现，不过后来他们许下的却是那些越来越难以实现的愿望了。

这个故事的含义是，宇宙是一棵巨大的魔法树，树的枝丫伸到每个人的心中。宇宙的过程注定了此时或彼时（此生或彼生），这些愿望都会得到实现，当然还有相应的后果。

然而，故事是这样结束的，原先这群孩子中有一个并没有把他的时光花在从一个愿望到另一个愿望，从一个满足到另一个满足上。因为从一开始，他就明白魔法树的真正本质。对他来说，那魔法树并非他叔父故事中

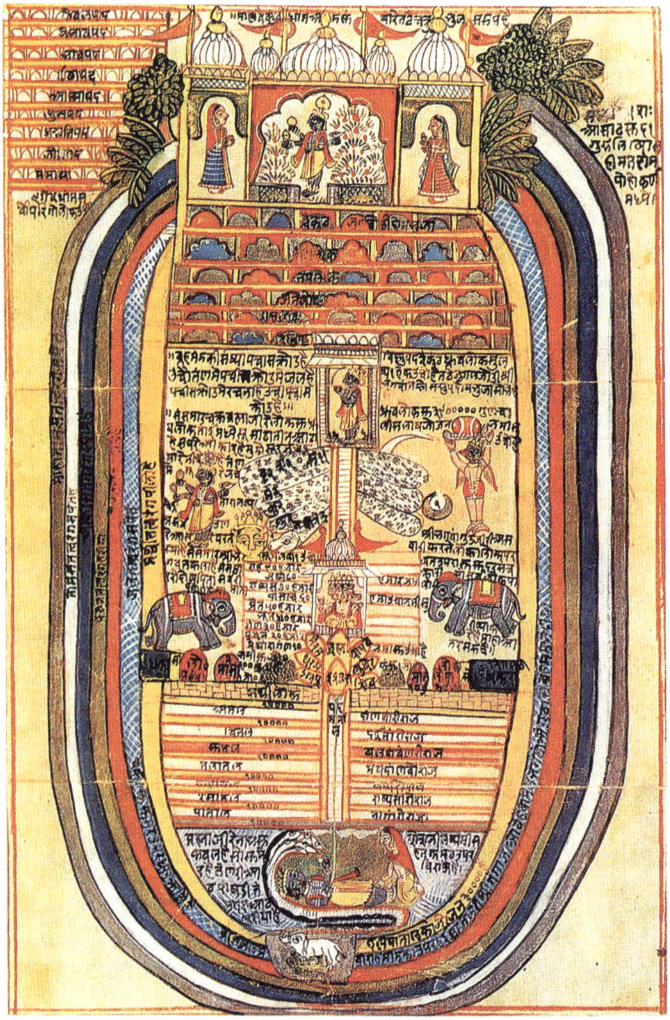

这一印度教的宇宙创世图赞扬的是宇宙无限的多样性。

那棵美丽的魔法树，它的存在并不是为了满足孩子们的愚蠢愿望——它是说不出的可怕和宏大，它就是父母。它的根把世界连接在一起，它的枝丫伸展到星辰之外。太初之前就是如此，也将永远如此。

世界——欢迎和再见

印度教的基本构想看起来会是这样的：宇宙中有无数与我们类似的星系，每一个星系的中心有一个地球，从那里，人们各自有不同的途径到神那里。每一个地球的上面会有无数更精致的世界，而下面则是无数较为粗糙的世界。根据它们所应得的（因果报应），灵魂在不同的化身之间进行修补。

所有这些世界都来自神，正如“蜘蛛从自身吐丝出来又收回去，宇宙更是从那不灭者中生长出来的”（《奥义书》）。

然而，丝线周期性地被收回；宇宙崩塌成梵之黑夜，所有现象界的存在都回到一种纯粹的潜能状态。切换隐喻为：呼气，然后吸气，世界就是神的呼吸作用。这种摆动是建构在事物的设计之中的，宇宙无始也无终。所以这种时间结构是惊人的。喜马拉雅山是由坚固的花岗岩构成的，每一千年就会有一只鸟飞过，用它的翅膀拂过山巅。通过这样的过程，喜马拉雅山被磨损，而宇宙周期在某一天就会消逝。

当我们从宇宙论转向道德关怀时，我们可以看到，业的法则提供给宇宙的是正义。即便如此，我们的世界也是一个中间世界，它有两层含义。它位于更好的世界（天堂）之下和更坏的世界（地狱）之上，并且它交织着大致相等比例的善与恶、甘与苦、智与愚，事物将保持如此。因此，乌托邦的梦不只是注定要失望；它们根本就误判了世界的目的，因为世界不是要替代天堂，而是要为人类精神提供一个训练场地。世界可以培养个人的性格，使人们做好准备去超越它——因为这些它就是很值得赞扬的了，但是它不可能是完美的。“愿耶稣的名受祝福，他说，这世界是一座桥：走过去，但是不要在上面造房子。”这一启示性的说法来自印度，这一点都不奇怪。

当我们谈到有关世界的形而上状态时，我们就必须继续我们之前的分辨，即在每一个重大问题上都对印度教进行区分，也就是分辨其在二元和非二元观点上的差别。在生命的行为上，这种区别把知的瑜伽和爱的瑜伽区分开来；在神的本性上，它把位格性与超位格性的看法区分开来；在救赎的问题上，它把与神合一的人和与神为伴的人区分开来。在宇宙论中，也同样有一条线，把那些认为世界是完全真实的人与那些认为世界是半真实的人区分开来。如果有人问我们梦是不是真实的，我们的答案一定是有条件的真实。在我们有做梦的意义下，梦本身是真实的，但是梦中大多数的图案在现实世界（也就是说我们醒来的世界）中是不存在的。严格来说，梦是一种心理上的建构，是一种精神的虚构。当印度教徒描画 maya（梵文术语，意为幻象）时，心中有类似的想法。这个世界是我们看到它时它所呈现的样子，但是那未必是世界本身的真正面目。

幻象（maya）与魔术（magic）这两个单词具有相同的词根。说世界是幻象，非二元的印度教是指这个世界有点复杂。问题的关键在于，世界的物质性与多样性竟然伪装得既独立又真实（其真实性可以不受我们看到的事物所影响），而事实上，真实是无分别的梵的思想，正如绳子藏在灰尘下往往被误认为是蛇。maya 在装饰世界时的吸引力上也同样让人着迷，把我们长时间地困在其中，不想再继续上路。

如果我们问为什么真实只有一个并且是完美的，而我们看来是很多并且是有瑕疵的；为什么灵魂（事实上是真正地与神合一）在我们看来是分离的；为什么绳子看起来像蛇。我们总是找不到答案。顶多我们只能说世界是lila（梵文术语，意为游戏），是神的游戏。小孩子玩捉迷藏的时候，把自己置于危险而又必须逃离的情境中。玩捉迷藏的孩子将自己置于这样的情境中，他们可以简单地从游戏中退出，从而获得自由。为什么在他们只要不玩这个游戏就可以解放自己时，他们却还要继续玩呢？唯一的答案是，游戏本身就是其目的和回报。世界也是这样，在某种神秘方式下也是如此。就像孩子独自玩游戏一样，神是宇宙的舞者，其日常活动就是面对所有的生物和所有的世界。在永不疲倦的神圣能量流中，宇宙在生生不息的优雅再现中流动。

那些看过女神卡利（Kali）一手持剑、一手持人头在一个被降服者的身体上跳舞的形象的人，那些听说过献给湿婆（他常去的地方是火葬场，乃是毁灭之神）的印度教寺庙比为创造者和护持者的神所盖的寺庙要多的人，不会很快认定印度教的世界观是温柔的。

男性生殖器形象代表神圣创造的力量，在其上面刻着湿婆的脸。

舞王湿婆像

印度教大神湿婆的表现形式之一，即舞王那吒罗阇。

但是它们强迫我们在眼睛中直接看到恐怖，卡利和湿婆让我们看到它们毁灭的东西是有限的，是为无限让路的。

从长远来看，世界是仁慈的。它并没有永久的地狱和永恒的惩罚。它可以无所惧怕地被爱，只要我们不过分地占有它。因为这一切都是 maya、lila，是宇宙魔术师那魅力无穷的舞蹈，在那之外是无边的善，是所有人最终都会抵达的善。印度教唯一不能产生的艺术形式是悲剧，这绝非偶然。

总而言之，对于“我们所拥有的是一个什么样的世界？”这个问题，印度教是这样回答的：

（1）一个多样的世界，从横向来说是数不清的星系，从纵向来说是数不清的层级，从时间来说是数不清的循环；

（2）一个业报法则永不休止运作的道德世界；

（3）一个永远也不会取代天堂来作为精神目的地的中间世界；

（4）一个 maya 世界，以它的多样性、物质性和二元性作为终极性来迷惑众人，而事实上这些只是暂时的；

（5）一个发展精神能量的训练场——济慈（John Keats）称之为“塑造灵魂的山谷”；

（6）一个 lila 的世界，如它在宇宙之舞中的表演——永不疲倦、永不休止、无法抗拒，而最终受益于一种无限生命力的优雅。

> 因为你爱火葬场，
> 我就造了一个我心中的火葬场——
> 因之你，黑暗者，火葬场的猎人，
> 就可以跳你那永恒之舞。
>
> ——孟加拉语赞美诗

乡村寺庙中的香火。

一只秃鹰在吃恒河中的尸体。

准备火葬用的柴堆。

走向同一顶峰的许多途径

许多世纪以来，印度教与耆那教徒、佛教徒、袄教徒、穆斯林、锡克教徒以及基督教徒共同分享着她的领地，这一事实或许有助于解释，那通过印度教而不是通过其他伟大的宗教所产生出来的一个最终的理念。也就是说，她坚信各个主要宗教乃是通向同一个神的不同途径。“真理只有一个，圣人以不同的名字来称呼它而已。”（《吠陀经》，*Vedas*）由于说话方式和思想一样重要，因此在这里我们让 19 世纪的一位印度教圣人——罗摩克里希那（Ramakrishna），用他自己的话来表达这一点：

神创造了不同的宗教来适应不同的需求、时代和国家。所有的教义皆只是许多条路而已，但是任何一条路绝非神本身。的确，吾人如果绝对忠诚，那么任何一条路都可以到达神那里。吾人可以从正面或者侧面来吃一个有糖霜的蛋糕，无论怎么吃都是一样甜。吾人可以通过梯子、竹竿、楼梯或者绳子爬到屋顶，因此接近神的工具和方法也是多样的，世界上每一种宗教都是诸多表现方式的一种。

在别人屈膝礼拜时，你要躬身作揖，因为在这么多人祷告的地方，仁慈的神必然会现身，他是无比慈悲的。

人们用疆域来划分土地，但是没有人能够分割开我们头顶上的天空。那不可分割的天空包围了一切，也包含了一切。无知的人会说，“我的宗教是唯一的，我的宗教是最好的”。但是当一颗心被真知照亮，它就会知道超越所有这些派别和教徒的纷争之上，乃是那不可分割的、永恒的、全知的喜乐。

有一个人崇拜湿婆，可是仇恨所有其他的神。一天湿婆在他面前现

瓦拉纳西市的一个水塔上装饰着一幅湿婆的肖像。

身，对他说："如果你恨其他的神，我将永远不喜欢你。"然而，这个人很顽固。几天之后湿婆再次现身，并且重复说："只要你还在恨，我永远也不会喜欢你。"这个人沉默了。

又过了几天，湿婆第三次对他现身。这一次它的身体一半是湿婆，另一半是毗湿奴。那个人一半高兴一半不高兴，他把供品放在代表湿婆的那一边。湿婆放弃了，说："你的固执是无可救药的了。"

游行的人头顶着毗湿奴的雕像。

菩提伽耶的神龛，佛陀开悟的地方。

第三章

佛教

佛教始于一个人。

在他的晚年，那时印度人热衷于他的教义，

人们来到他跟前求问。

没有人问“你是谁？”而是问“你是什么？”

“你是神吗？”他们问。

“不。”

“天使？”

“不。”

“圣人？”

“不。”

“那到底是什么？”

佛祖答曰：“我醒悟了。”

醒悟了的人

佛教的建立，始于一个人。在他的晚年，他的教义在印度已如火如荼地传来了，人们来到他跟前求问。没有人问“你是谁？”而是问“你是什么？”

“你是神吗？”他们问。“不。”“天使？”“不。”“圣人？”“不。”“那到底是什么？”佛祖答曰：“我醒悟了。”他的回答成了他的称号，因为这就是佛（Buddha）的真意。梵文词根“budh”的意思是醒来和知道。当世界上其他人还处在自以为清醒的人生而其实仍在梦境的状态时，他们当中的一个觉醒了。佛教始于一个醒悟了的人。

他的一生充满了有趣的传说，但是其基本的人生经历是简单明了的。他出生于公元前563年左右，在今天的尼泊尔附近。悉达多是他的名，乔达摩是他的姓。当时的印度由很多小王国组成，他的父亲统治着其中的一个，因此悉达多的成长环境是非常优越的。据说他长得格外俊美，他在16岁的时候娶了邻国一位名叫耶输陀罗的公主为妻，婚后两人生有一子，取名叫罗睺罗。

总之，他看起来似乎是拥有一切的人：社会地位、出众的外貌、财富、贤妻、儿子，还有王位继承人的身份。尽管他拥有这一切，但他在20多岁的时候因为感到疲倦、不满足而抛弃了尘世间的财富。

他的不满足主要来源于“四个路见的景象”，也就是传说中的“四门游观”。在悉达多出生的时候，他的父亲招来几位算命的人，想要看清楚他的未来。所有人都认同这是一位不平凡的孩子，但是他的人生走向却遭遇了一种模棱两可的情况。如果他继承父亲的王位，那他将会统一

《佛传故事之出游四门》(部分)

画中描绘的是佛陀开始踏上精神性的途径并寻求证悟。

印度，并成为世界上伟大的征服者；而如果他舍弃了这个世界的话，那么他将会变成世界的救赎者。他的父亲下定决心引导儿子走上第一条道路，安排了众多的宫殿供他使用以及众多的使女供他差遣，并严令不允许有任何丑恶的事情出现在他的宫廷生活中。当他离开宫殿的时候，下人们为他清障开路，决不让他接触到衰老、疾病和死亡。然而，有一天，这条命令无意间被忽略了，悉达多看见了一位老者，他面容憔悴，豁着牙，一边倚靠在一根棍杖上，一边颤抖着。另一天，他看到了一位病重的人躺在路边。第三次出门时，他看到了一具死尸。在遇到了衰老、生病和死亡的情景后，第四次，他看到了一个剃发的僧人，身穿棕色的僧袍，手里捧着饭钵，就在那一天他看到了从这个世界脱身出来的生活。这个故事乃是一个传说，然而它包含了这个真理：人的肉体与疾病、衰老和死亡之间有着无可逃避的牵连，由此他失望地发现在身体层面上找到满足是无望的。

他看到当身体的病痛和死亡无法避免的时候，肉体的欢愉就失去了迷人之处。他决定跟随寻求真理的呼唤。在他 29 岁那年的一天晚上，他与俗世决裂，要去实现他的“伟大目标”。他悄悄地告别了熟睡的妻儿，骑上白马，朝森林驰骋而去。来到森林边缘时，他褪去了王袍，剃去了头发，进入森林中去寻求证悟了。

就这样过了六年，在这六年中他将全部精力都用在这个目标上。寻求真理的过程是艰难的，他似乎经过了三个阶段。他的第一步是寻找当时印度教最主要的两位大师，尽可能地向他们学习那庞大的传统中的智慧。

他的第二步是加入一群苦行者，诚意地尝试他们的修行方法。是不是他的肉体令他踌躇不前呢？他要粉碎肉体的禁锢，摆脱它的干扰。在每次斋戒期间，他在苦行上都会胜过他的同伴，到最后他变得非常衰弱，以至于如果没有他同伴喂他的一点点湿热的米粥的话，他很可能就此死去。这个经验让乔达摩认识到苦行主义的无效性，并且引导他确认了他的方案的第一条建设性的纲领：在极端苦行主义和纵情放任之间的中道原则。

日本卷轴画 14 世纪

内容是佛陀圆寂并进入涅槃境界。

中国画
描写的是佛陀在动身寻求证悟的时候，向他的马和马夫道别。

在放弃了苦行之后，乔达摩投身到他寻求真理的最后一个阶段，努力按照印度教“修的瑜伽”的方向，再结合严格的思考和神秘的专注。一天晚上，佛陀意识到突破即将来临，他坐在一棵后来被世人称为宝树的菩提树下，立誓得不到证悟就不起身。

那一晚发生的第一件事令人不由得想到耶稣传道前夕在荒原上被引诱的景象。魔罗首先派出三个妖艳的女人来引诱未来的佛陀，当她们的目的没有达成时，魔罗就幻化出滚烫的岩石攻击他。但是，这些石头在进入他专注的领域中时却转变成了花瓣。魔罗在最后的绝望中，质问乔达摩有什么权力那样做，乔达摩用右手指触碰地面，地面作出了回应：“我做你的见证。”魔罗落荒而逃，天神们欢喜地从天而降，包围了胜利者。

紧接着，当宝树在五月的满月之夜不断落下红色花瓣时，乔达摩的冥想不断地深入，直到最后，晨星在东方透明的天空中闪亮，他的心灵穿透了宇宙的泡沫，把它化为乌有，不过，奇妙又奇妙的是，这时却发现它神奇地复原为充满光辉的真实存在。伟大的觉醒到来了，乔达摩的存在转变了，他转变成佛。

魔罗的最后一次诱惑在等待着佛陀。魔罗质问佛陀："你怎么能期待人们理解你所掌握的那么深奥的真理呢？为什么不干脆丢下这整个烫手的世界，也了却这肉身，立刻进入涅槃之境呢？"这个论点几乎无懈可击，但是，最后佛陀回答说："总有一些人是会了解的。"魔罗从此就从佛陀的生命中消失了。

在接下来的几乎半个世纪里，佛陀完成了他的使命。他创立了一个僧侣教团，向死气沉沉的婆罗门社会发起挑战，同时也承受着他的立场所带来的怨恨、疑问和迷惑。他的日课是惊人的。除了训练僧侣以及处理教团事务之外，他不间断地进行着公开讲法和个体咨询的工作。使他能够承担这些压力且不至于累垮的原因是他的"退出与复返"模式。佛陀退隐了6年，而后回到世上45年。但是每一年都有所划分，9个月留在世上说教，雨季来临时的3个月就与和尚们一起退隐。他每日的周期也遵循这个模式来安排，每日要从繁杂的事务中退隐三次进行冥想。

经过45年艰苦的传教之后，大约在公元前483年他80岁的时候，在偶然一次吃了带有毒蘑菇的菜后，佛陀死去了。他的告别词经久不衰："诸行皆坏灭，应自精进求解脱。"

沉默的圣人

读到佛陀的生命事迹，不可能不令人油然而生一种接触到一位旷世伟人的感觉。

也许他最突出的一点，就是兼具冷静的头脑和炽热的心灵。毫无疑问，他是一位伟大的理性主义者。面对每一个问题，他都能沉着应对，做出冷静、客观的分析。但是这种客观、批判的性格却被一种方济各式（Franciscan，译注：指由圣方济各所创立的天主教派）的温柔所全面平衡了，这使得他所传递的信息又被称为“大慈大悲的宗教”。他是否真的愿意冒着生命危险去解救一只受困于悬崖绝壁上的山羊，可能从历史上看是不确定的，但是这种行为的确符合他的性格，因为他的一生对处于水深火热中的大众来说，是一种源源不断的福音。

在社会层面上，佛陀的王室出身和教养占有很大的优势。他可以“举止优雅”，从容地出入于王公贵族之间，因为他曾经是他们中的一员。然而他的仪态和风度又丝毫不会使他与单纯的村民有距离。外在（阶级、种姓等）的差异对他来说并没有什么意义，甚至于有的时候他根本不曾留意这些。这个人有一种惊人的单纯性格，连王公都为之叹服。即使在他名气如日中天的时候，人们也会看到他手持乞钵行走在大街小巷之间。他所表现的这种耐性只有在了解到时间是虚幻的时候才有可能体会到。

如果说佛陀是一位谦虚的人，或许并不准确，因为他觉得他已经上升到远超过当时任何人所能企及的理解层面。但是这跟虚荣和毫无幽默感的狂妄自大并不相同。在一年一度的僧伽退隐期的最后一次聚会中，那无上至尊的佛陀环顾四周，开放而真诚地期待着默无声息的与会者的批评。“各位门徒，我召唤你们，想要你们告诉我：在语言或是行为上，你们是否发现了我有什么不对之处？”

尽管他对自己保持着客观性，他在世时已经有持续不断的压力要把他转变成神。对于这一点，他一概断然驳斥，坚称自己在每一方面都是人。他毫不掩饰他的脾气和弱点——要得到证悟是多么困难，他所完成的事情又是多么微不足道，他仍然多么容易犯错。他承认在他独处于森林中的最初几个月内曾经置身于可怕的死亡的边缘。正如一位传记作家所说：“一个这样说话的人是不需要用天堂般快乐的希望来引诱人的。一个像这样讲自己的人是被真理所吸引的，这种真理的力量会吸引所有人进入其领域。”

佛陀的领导和组织天赋，不仅可以由跟随他的教团人数剧增来证明，同时也表现在训练的完美上。一位国王探访了他们的聚会，这次聚会一直延续到一个满月的夜晚，最后国王禁不住说：“你不是在跟我耍花样吧？这么大的聚会，在 1 250 位会友之间怎么连一点声音都没有，不打喷嚏，也不咳嗽？”望着会众如一池清澈的湖水般无声地坐在那里，国王说，“但愿我的儿子也能够得到如此的宁静。”

和其他灵性天才一样，佛陀对人性具有超乎寻常的洞察力。对于走近他的人，他一眼就能看穿其本质，似乎从来不会为相貌所蒙骗。我们找到的最美丽的一个例子就是他遇见扫花人苏尼塔的故事。苏尼塔是一个社会地位低下的人，佛陀在他身上看到了“像藏在瓶中烛光般闪亮着的”阿罗汉圣者的标志，并邀请他加入佛陀教团。

佛陀的一生充满了强烈的使命感。在他得到证悟后，他即刻用他的心灵之眼看到人的整个世界——人们的灵魂被碾碎、迷失了，急需要帮

中国画
内容是佛陀第一次在鹿野苑讲道。

助和引导。他这种不考虑个人付出的代价而接受这一使命的态度，赢得了印度的心。“放弃了他伟大的家族和许多的财富，乔达摩在他俊美的少年时期，就脱离了家庭生活而进入到无家的状态。”他的门徒们竭尽所能地赞扬他，但是他们发现佛陀的奥妙是深不可测的，任何语言都无法描述。他们崇敬热爱那些能够了解的部分，但是却有太多东西是他们难以企及的。直到最终他仍然是半明、半暗、无法完全明了的。因此他们称他为沉默的圣人（Sakyamuni），象征某种超出语言和思想的东西。

他们称呼他“如来”“真理赢得者”“彻底证悟的人”。因为“唯有他面对面地透彻了解、看见了整个宇宙。”“如来是深刻的，不可测度，难以了解，甚至像海洋一般。”

叛逆的圣人

从佛陀这个人转到佛教这个宗教，我们必须看到佛教是在印度教的背景下成长且分化出来的。与缓慢融合而形成的印度教不同，佛教在一夜之间就完全成形了，大部分是觉察不到的精神积累。大体而言，佛教是伴随着印度教的衰落而兴起的。因此，要想理解佛陀的教导，我们应该先理解促使佛教兴起的印度教的某些部分。我们来依次了解一下有关宗教的几项观察。宗教经常出现的六个特征，表明它们的因子存在于人的构造中。其中之一是权威。宗教的复杂性不逊于政治或医学，因此，某些人在精神事务上的天赋才能和持续的努力，会令他们超越众人，这是合理的。人们会寻求他们的意见并且一般都会听从，他们的决定也是举足轻重的。

宗教的第二个特征是仪式。宗教产生于庆祝和其反面——丧亡，两者都要求集体的表达。当我们受到打击或者极度快乐的时候，我们想要的不只是和他人在一起；我们想要跟宗教在一起并加强我们与宗教之间的联系，以此消解我们的孤独，使我们比我们个体的总和还要强大。

宗教可能开始于仪式，但是很快人们就需要有个解释，因此玄想就成为宗教的第三个特征。我们从何处来？又要往何处去？我们为什么在这里？——人们想要知道这些问题的答案，宗教的理论就随之产生。

宗教的第四个特征是传统。就人类而言，是传统而不是本能保留住了前代所学，并流传至今。

宗教的第五个特征是恩典。信仰真理、确保真理终究会站在我们这一边，并且可以依靠它。

最后，宗教在奥秘中游走。由于人本身是有限的，人心无法去测量包围它的“无限”的深度。

这六个特征——权威、仪式、玄想、传统、恩典及奥秘——每一个对宗教都非常重要，但是同时也有可能妨碍宗教的运作。佛陀在世时的印度教就是如此。权威，一开始是世袭制，继而产生剥削，婆罗门掌管着宗教的秘密，在执行宗教事务时收取高额的费用。仪式成为获得奇迹的机械化手段。玄想丧失了经验的基础，逐渐发展为毫无意义的争论。传统变成了毫无生气的累赘。神的恩典被误解为减少人的责任。最后，奥秘与骗人的把戏混为一谈——堕落地执迷于奇迹、秘术和幻想之中。

面对种种的宗教乱象，佛陀决定清理场地，好让真理在这里重生。结果是惊人的，因为这里所兴起的宗教几乎完全没有上面所提到的特征。而我们原来以为，没有那些成分，宗教是无法生根的。

一、佛教宣扬的是一种没有权威的宗教。一方面，它打破了婆罗门对宗教的垄断，另一方面，它挑战每一个人，要他们承担起对生活的责任。“不要接受别人的转述。要做你自己的灯。”

二、佛陀传扬的是一种没有仪式的宗教。他一再嘲笑婆罗门仪式的无聊，认为那是对不灵验的神祇的迷信祈求。它们只是陷阱——与艰苦沉重的“消解自我”的工作是毫不相干的。

三、佛陀宣扬的是一种绕开玄想的宗教。许多证据表明，他可能是世界上伟大的形而上学家之一，但是，他却绕过了“理论化的丛林”。无论这个世界是不是永恒的，它到底是有限的还是无限的，佛陀死后是否还存在——“在这些问题上，佛陀保持着高贵的沉默”，因为这些答案的观点并“不利于启发”。为了说明这一点，他讲了一

中国寺庙中各种各样的佛像雕塑。

则有名的寓言：

“就好像一个人被涂满毒液的箭所伤，有人要请外科医生来给他医治，而他却说，除非我知道谁射了这一箭，他的阶级、身高、肤色，他是从哪里来的；这支箭是从哪个方向射过来的，箭杆是由什么木头做成的，箭羽又是什么鸟的羽毛，否则，我是不会把箭拔出来的。在这些问题被解答之前，这个人早就死了。”

四、佛陀宣扬的是一种没有传统的宗教。他站在过去的顶端，这巅峰大大拓展了他的视野，但是他却看到与他同时代的人，大多数仍埋藏在那些巅峰之下。因此，他鼓励信徒们：“不要顺着前人的路走，也不要屈从于传统教义的权威。当你自己明白‘这些教义是好是坏’时，再决定是否扬弃它。”

五、佛陀宣扬的是一种高度自力的宗教。我们已经看到当时的印度弥漫着沮丧和失败的情绪。很多人已经接受了出生与再生的无休止地轮回，就好像听任自己被判了永世苦难轮回的刑罚。对于佛陀来说，再也没有什么比这种普遍的宿命论更有害的了。他只明确地否定过一种观点，那就是“愚人”所说的除了听任命运安排之外我们什么也做不了。“这里有一条结束苦难的道路。走吧！”每个人必须通过自我觉醒和奋发努力来走这条道路。“凡是只依赖自己的人，除了自己以外不寻求其他任何人的帮助，只有他们才会达到巅峰。”

六、佛陀讲的是一种没有超自然的宗教。他谴责一切形式的占卜、预言、先知等低级的伎俩，虽然他从自己的经验下结论说，人心是具有目前认为属于超自然的那种力量的，但他不允许他的僧众去玩弄那些力量。“根据这一点可以知道，那些试图创造奇迹的人不是我的门徒。”

西方的妇女在菩提树附近冥想，佛陀曾经在菩提树下开悟
佛陀反对印度种姓制度中的不平等以及对妇女的传统偏见。

在佛陀圆寂之后，他原本为了保护他的宗教而努力排除在外的种种伪装都统统出现了。但是如果佛陀活着，他会让这些伪装无处遁形。因此，原始佛教向我们展示的是一种独特的、有指向性的宗教。

一、它是经验的。没有哪种宗教把它的主张如此坚定地诉诸直接的体证。“不要诉诸推理，不要推论，不要辩论。一个真正的信徒必须是他自己知道。”

二、它是科学的。它把鲜活的经验特质作为它最后的检验，并且始终不渝地去寻找那种经验的因果关系。“有彼则有此，无彼则无此。”

三、它是实用的。佛陀把他的教义比作那些有实用价值的工具；把它比作那些帮助人们过河的木筏，一旦到了彼岸，它们就变成负担了。

四、它是治疗性的。佛陀说过：“我只教一件事，受苦以及结束苦难。也就是说，我只宣说疾病以及终止疾病。”

五、它是心理的。这里使用的这个词是与形而上学相对的。不从宇宙入手，转而从宇宙中的人的生活入手，佛陀宣教的出发点是人的命运，这些命运的种种问题，以及回应这些问题的解决办法。

六、它是平等的。他思想的宽广程度在当时是独一无二的，在任何时代也是稀有的，他坚持妇女同男子一样能够悟道。他反对种姓制度，反对天赋来自遗传的假定。

七、它是直接针对个人的。佛陀并非对人性的社会面视而不见——他不仅建立了一种宗教秩序，还坚持这种秩序在增强个人决心上的重要性。最终他依然诉诸个人，每个人都要通过自己内心的力量来悟道。“不要找外在的避难所。努力实践你自己的救赎。”

四圣谛

佛陀悟道之后，直接朝着印度圣城波罗奈（Benares）而去，在距该城约 9.6 公里之外的鹿野苑内，他停下来开始他的第一次传道。他宣扬了他最重要的发现，即后来为人所知的“四圣谛”。

第一圣谛是 Dukkha，通常被翻译为“苦”。因为佛陀将苦看作他的出发点，他的宗教被指责为悲观主义。然而，只有佛陀认为他所承认的苦难是不可消解的，这种指控才算成立；而事实上，他非常确信苦难是可以减轻的。这表明，他诊断为苦难的“生活”是无法重生的生活，或者是正常生活。佛陀丝毫不怀疑可能有开心的时光，但是这样，就有两个问题凸显了出来。第一，生命中有多少部分是可以享受的。第二，这种享受是在我们存在的什么层次上进行的。佛陀认为那个层次是肤浅的。在霓虹灯闪耀之下的是黑暗，核心关键——不是所有生命，而是那不能重生的生命——在于梭罗在大多数人生命中看到的“默然的绝望”。“看哪！正如一阵风一样，凡人的生命皆是如此：一声呻吟，一声叹息，一阵风暴，一场争斗。”（《南传法句经》）

Dukkha，这种痛苦，在某种程度上扭曲了所有有限的存在。这个词在佛陀的时代是指轮子的轴脱离了中心，或者是骨头脱了臼。（现在它的暗喻可能是，我们想要从错的那一头来推动一架购物车。）因此，第一圣谛的确切意义是这样的：生命脱离了它原来的位置。某些事情出了错，它的支轴是不正确的，这一点阻碍了运动（创造性），引起了过度的摩擦（人与人之间的纷争）。

佛陀有一个善于分析的头脑，但他不满足于让第一圣谛只停留在用

加德满都附近的佛教寺庙——斯瓦扬布纳特寺。

一般化的术语来阐释。他继续指出生命明显脱序的四个时刻：生之创伤、疾病、衰老的病状、临死时的恐惧。后来他又添加了这样两条：与心爱之人的隔绝，与憎恨之物的捆绑。

没有人能否认生命的鞋子是在这六个地方夹脚的。为什么呢？抛开多余的比喻，让我们转向佛陀直截了当的问题：是什么引起了生命的苦？第二圣谛回答了这个问题，Dukkha 的根源是 Tanha，即苦的根源是欲望。

Tanha，通常被翻译为“欲”，将它译为接近其字源的方法是比较合理的，因为它是一种特别的欲望，一种为了个人满足的欲望。当我们是无我的时候，我们是自由的，不过要想维持住这种状态，却正是困难之所在。欲望像秘密伤口中渗流出来的自（小）我。Tanha，是由所有那些反对把生命当成整体的倾向组成；一切自私的倾向都要求个人为一己的欲望而在必要的时候牺牲其他生命。这些要求带来了苦难，因为生命的法则要求把他人看作是我们自己生命的延伸，而不是我们的敌人。

这和一般人看待他人的方式是有所区别的。给你一张群照，你最先看到的面孔是谁的？这就是造成悲伤的毒瘤的小而显著的征兆。哪里有像关心自己的孩子有没有挨饿那样关心其他孩子的人呢？哪里有见到同事晋升就像是自己晋升了一样开心的人呢？纵容我们的个体身份，我们把自己封锁在“包了一层皮的自我”之内，并且设法通过让它们膨胀来得到满足。愚人才会相信这样的囚禁能够带来解脱！难道我们看不到“这个自我才是令我们受苦的根源”吗？根本不是迈向丰盈生命的门，自我是令人窒息的疝——它愈肿大，就愈会把健康所依赖的自由流通的循环系统塞住，而痛苦也就愈见增加。

第三圣谛是从第二圣谛逻辑推演出来的。假如生命的脱序是由自私的渴求造成的，它的治疗也就在于克服这种渴求。如果我们能从自私自利的狭隘限制中释放，进入宇宙生命的广阔天地，我们就可以解除我们的折磨。第四圣谛就描述了如何完成这样的治疗。我们要克服欲望，解除禁锢，就必须通过八正道。

八正道

从本质上看，佛陀在四圣谛中对生命问题采取的主要是医生的角度。他从指出令人关切的症状开始：以我们应该有的标准来看，我们人生中经历了更多的痛苦、更少创造性、更多的冲突。佛陀对这些症状进行了诊断：是什么引起了这些不正常的症状呢？这个答案是 Tanha，即追求个人私欲的满足。第三圣谛是有希望的，因为症状的起因可以被消除。八正道，就是他为了完成这个消除开出的处方。它是一种治疗的过程，但是它并不是药物或者放射等外在的治疗手段，它更像是一种通过训练的治疗手段，就像那些运动员所做的，带有一种“道”的意图的训练过程。八正道的目的就是要把人从他所在之处提起，然后把他变成一个不同的人放下来，治好他生命的残缺。

这个过程由八个步骤组成，不过，这些步骤是以预先准备的步骤作为基础的。这个预先准备的步骤，佛陀并没有明确提到，但他在其他地方经常提到，因此我们可以假定佛陀是事先做了这一预设的。这一准备的步骤就是正确的联系。没有人比佛陀更清楚地认识到我们是社会动物，每一转折都受到我们交往的“同伴榜样”的影响。要驯服并训练一头野象，一开始最好的办法就是把它和已经训练好的一头象用轭连在一起。通过接触，这头野象看到人们期待它做的事情，就作为一头大象来说，并不是完全冲突的——也就是说，对它的期待并没有违背它作为象的本性。精神生命的训练也没有什么不同。要是没有明确的证据指明成功是有可能的，气馁和灰心必然会侵入。蜜蜂不会单独产出蜂蜜，相应地，人类除非有得道者产生的种种自信的支持，否则也无法朝大路前进。

有了这一预设的步骤，我们才可能迈出走向正道的脚步。

一、正见

就好像为了有目标的旅行，人们需要一张地图、一个地标一样，我们需要知道我们在哪儿，下一步前进的方向是什么。这就是正道的第一步所需要的。正见的本质已经提到了，因为它是由四圣谛组成的。四圣谛和四圣谛所指引的道路是密切相通的。第四圣谛就是八正道，正道的第一步是了解四圣谛。

二、正思维

第一步是号召我们下定决心了解生命问题基本上是什么，第二步就是指导我们弄清楚我们真正想要的是什么。我们是要真正地启悟，还是任由我们的感情左右摇摆，就像风筝在每次气流的波动中都会往下栽一样？当人们以这样的专心来追求解脱，我们的脚步就会从在滑溜的沙土上挣扎爬行，变成在地面上脚踏实地稳步前行了。

三、正语

在以下的三个步骤中，我们将掌握控制我们生活的关键，首先是注意语言。第一项工作是注意我们的语言以及它所表现出来的我们的性格。一开始我们不必在意每次发言是否都是真知灼见，而最好是从留意一天中我们有多少次离开了真理的训练开始，因为我们总会发现，那样做是为了避免暴露我们内心中软弱的、优柔寡断的、不引人注意的部分。除了真理之外，我们的话语应当服务于慈爱。伪证、无聊的闲谈、饶舌、诽谤和谩骂都应当避免，不仅仅在其明显的形式上，也要在其隐

斯瓦扬布纳特寺外面的礼拜者。

藏的形式上，因为后者——微妙、渺小、“偶然的”不圆滑和伤人的智慧——往往更为恶毒，它们的意图是掩藏起来的。

四、正业

佛陀在五戒中详细说明了这一指示。五戒可以说是“十诫”中伦理部分的佛教版。五戒包括以下内容。

（1）不杀生戒。严格的佛教徒把这一告诫延伸到动物而成为素食主义者。

（2）不偷盗戒。

（3）不妄语戒。

（4）不邪淫戒。对于和尚以及未婚的人来说，这意味着禁欲；对于已经结婚的人来说，就是按照个人对正道的兴趣以及程度来自我节制。

（5）不饮酒戒。

五、正命

“职业”这个词是设计得很好的一个词，因为我们的工作占据了我们大部分清醒的注意力。佛陀认为如果我们大多数的作为都与精神进程反向的话，精神的进展就是没有可能的。“染色师傅的手是被它浸入其中的染料所驯服的。”

对于那些旨在把他们整个生命致力于解脱的人，正当的生活是要求加入僧团中，接受佛教教规训练。对于一般俗众，则号召他们去从事那些增进生命而不是毁灭生命的职业。某些职业与严肃的精神追求（serious seeking）是不相容的，它们是毒品贩子、人口贩子、妓女、屠夫、酿酒商、军火商和收重税的人。在当时，这些职业者牟取暴利是司空见惯的。

六、正精进

佛陀特别强调意志。摆脱任何这类枷锁的唯一方式，其实就是威廉·詹姆斯所说的“意志缓慢而沉闷地升起”。

佛陀说：“那些顺从道的人，可能会以那负重走过泥沼的牛为榜样。它累了，但是它目光坚定，朝前注视着，不走出泥沼，绝不放松，只有在走出来后它才肯休息一下。啊，和尚们切记，激情和罪恶有甚于肮脏的泥沼，只有热切而坚定地在求道的路上前行才能脱离痛苦。”

七、正念

没有一位老师比佛陀更强调心灵对生命的影响了。最受欢迎的佛教经典《法句经》开宗明义就说，“我们就是我们思想的产物。”在西方哲学家之中，斯宾诺莎（Spinoza）对心灵潜能的观点最接近佛陀。他的格言——“了解某件事物就是从其中解脱出来”——算是最为接近地概括了佛教的伦理学。这两位思想家都把无知看作是生命中最主要的敌人，而不是罪恶。

要逐渐克服这种无知，佛陀不断提示大家要自我省察，几乎会使我们对未来前景感到沮丧。不过，他认为必须这样做，因为他相信自由——从不自觉的、机械式的存在中解放出来——是自我意识的产物。为了这个目的，他坚持我们要把一切看作“如它真实的样子”。如果我们持续地关注我们的思想和情感，我们就会看到它们根本不是我们恒久的部分。对待任何事情，我们都应该观察而不做反应，尤其是对待我们的心情和情感，既不谴责某些部分也不抓住另一些部分不放。还有一些比较复杂的训练可以推荐，例如有志进修的人保持用心灵来控制感官和冲动，而不是被它们驱使。要对可怕和可厌的景象沉思默想，直到我们不再对它们感到厌恶为止。整个世界应该弥漫着仁爱慈悲的思想。

这里有一位西方观察者对于泰国和尚练习第七步骤的描述：

> 他们之中有一位每天花好几个小时在佛寺场地上缓慢地行走，绝对集中注意每一个脚步的每一个动作最细微的部分。将这种做法

> 带进日常生活中每个单一的身体动作上，直到在理论上，清醒的心灵能够跟随感觉、知觉或者思想产生的每一步。有一位50岁的和尚在与佛寺相连的小坟场中沉思，因为在那里他不会受到打扰。他独自坐着，双腿交叉，一动不动，眼睛张开着，一坐就是好几个小时——无论在半夜的大雨中或是在正午的灼热下，通常一坐就是两到三个小时。

八、正定

这里所牵涉的主要技术，我们已经在印度教“修的瑜伽”中接触过了，而且实质上也指向同样的目标。

佛陀在晚年时告诉门徒说，他第一次感受到解脱的暗示是在他离家之前。那时他还是个孩子，一天坐在一棵苹果树的荫凉下深思着，他发现自己沉浸在日后认定是“专心不乱”的第一个层次。这是他第一次稍微尝到解脱的滋味，他告诉自己：“这就是抵达启悟的路。”正是为了回到和深化这个经验的怀旧之情，也由于他对世俗生活的通常回报的幻灭感，他决定把生命完全奉献给精神上的探求。结果，正如我们看到的，不单单只是一个新生命哲学的诞生，它也是一种再生：变成不同的生物，用一种新的方式来体验世界。除非我们明白这一点，否则就无法彻底了解佛教在人类历史上的力量。在那株菩提树下，佛陀身上所发生的事情，也同样发生在每一位坚持修炼八正道到最后一步的佛教徒身上。正如一台照相机，以前心灵的焦距没有对准，不过现在却调整好了。根绝执着（痴）、渴望（贪）和敌意（嗔）这三毒，我们看到事情并非我们之前设想的样子。的确，设想的任何事物都消失了，而被直接的知觉所代替。心灵安住在其真实的状态中。

西藏的唐卡（挂在墙上的绘画）

描绘的是生命的轮回。

佛教的基本概念

佛陀对于生命的全部观点是难以确知的，主要有三个原因：(1) 他没有把他的教义写下来；(2) 从他所说的话到第一批书写记录出现时已经过去了一个半世纪；(3) 经文的数量却非常惊人，形式又繁多复杂，令人迷惑。虽然在那个时代记忆是忠诚的，但我们要在混乱丰富的材料中挑选具有足够一致性的思想，并可以视之为佛陀真正的思想。本小节的内容与那些最重要的部分有关。

我们可以从“涅槃”开始讲起，佛陀用这个词来命名生命的目的。从字源学上讲，它的意思是“吹熄”或“熄灭”，不是及物性的，而是像火停止燃烧了。没有了燃料，火就灭了，这就是涅槃。很多人从这样的比喻来推测，说佛陀所指的绝灭是完全的、整个的消灭。然而事实上并非如此。我们需要明确绝灭是什么。它是有限自我的界限。从消极面来看，涅槃乃是私人欲望的一捆柴被完全烧尽了的状态，一切对无限生命造成拘限的东西都耗尽了。从积极面上来说，它就是无限生命自身。

佛陀拒绝了每一个对那无限作正面描述的要求，坚持说它是“不可理解，不可描述，不可想象，不可言说的”——因为在消除了我们所知的唯一意识的方方面面之后，我们还能对剩下来的说些什么呢？佛陀的一个传人——那先比丘，用风来作了类比。有人问他“涅槃是什么？”那先比丘却让提问者描述一下风——它的颜色和形状；是厚还是薄；是长还是短。当提问者抗议说，“这是不可能的。”那先比丘又道，“这是否就可以下结论说风就是不存在的呢？”“当然不能这样说。”那先比丘总结道："就像风一样，涅槃更是存在的，但是不可能说明什么是涅槃。"尽管如此，佛陀作出了一个肯定的描写，涅槃是妙乐，"妙乐，是的，妙乐，我的朋友，就是涅槃。"

涅槃是神吗？要回答这个问题首先要看对"神"这个词如何定义。如果神是指一个人格性的存在，通过精心设计创造了整个宇宙，那么，涅槃不是神。佛教是无神论的。

不过，神还有第二种意思，神学家有的时候称之为神性。人格的观点是确定的，因此它是有限的，它不是这个概念中的一部分。当佛陀宣称："啊，诸位和尚，有一位未曾出世，既不变化，不被创造，也不被生成……如果没有它，就不会从生成的、被创造的、被合成的情况中解脱出来。"他似乎是在这种传统下说话。佛教学者罗列了一系列的涅槃的属性，似乎可以应用在神性的范畴内。涅槃是永恒的、稳定的、不灭的、不动的、无年岁的、不死的、不生的、不变的；它是力量、妙乐和幸福、安全的庇护所、避难所，以及攻不破的安全之地；它是真正的真理和至高的真实；它是善，是我们生命最高的以及独一无二的圆满；它是永恒的、隐蔽的以及不可理解的和平。

将目光从涅槃转向人的自我，最令人惊异的是，佛陀说到人的自我是没有灵魂的。从宗教的角度来看，这个无我（无灵魂）的教旨听起来似乎是在否定人格化的神，不过对这个词必须仔细加以研究。佛陀所要否定的灵魂（atta，巴利语对梵文中自我、灵魂的写法）到底是什么？在当时它的意思是指：（1）与印度教的二元论立场一致的某种精神实体；（2）永远保留其分离的身份。佛陀否定了这两种特性。身体之中没有一个外来的或幽灵般的灵魂在驱动身体，并在身体消亡之后继续存在。

他关于自我的另类的（alternative）观点通过他的转世的概念而逐渐清晰起来。作为真正土生土长的印度孩子，佛陀从来都不怀疑重生转世在某种意义上是事实，但是他却公开批评当时婆罗门解释这个概念的方式——就像某种灵魂的小球（pellet）从一个身体到另外一个身体。他新颖的观点通过波浪的意象表达出来。

假设我们在一叶扁舟上，看到一个波浪朝我们涌来。它一切如常地向我们而来。当它到达的时候，我们向上升起，在它经过后，我们又降下来，最终它拍碎在岸上，然后消逝了。要了解这一点，我们需要做些什么呢？我们说到它像波浪，因为从某种意义上讲，它是单一的；它在大海中缓慢地膨胀再撞碎在岸上，在它的生命过程中，它是一个单一的、可以确认的波浪。然而，没有哪两个时刻它的分子是相同的。同理，我的下一次转世也不会像我现在这样，但是我仍然是“我”，正如波浪在移向下一个阶段的时候仍然是波浪一样。从一个生命延续到另一个生命，并将它们结合起来的是一条四维的轨道的形式，一根因果报应的链条。因果联系是非常确定的，但是从生命到生命的传递并没有实体（物质的、心灵坚实的基质）。休谟（Hume）和詹姆斯是正确的：“如果有一个持续着的自我，亦即永远是主体而不是客体，那么它从不会展现自己。”

藏族人在尼泊尔的斯瓦扬布纳特寺外面诵经。

这种对精神实体的否定，只不过是佛陀广泛否定每一种实体的一个方面而已。描述他的世界观时应该用动词而不是名词，因为一切都在过程中，一切都在变化。这使得佛教徒对自然世界的描述是有些心酸的，因为任何事情都不会永恒，它们是短暂的，且是注定要消亡的。“一个又一个浪花永恒地在追逐着。”“生命是一个旅程，死亡是叶落归根。宇宙像旅馆，过去的岁月犹如尘埃。”

因此，对于三法印（诸行无常、诸法无我、涅槃寂静）的前两个，可以适用于自然世界中一切事物共有的特质——苦或者受苦，以及无我（anatta）——我们现在必须加上无常（anicca）。为了强调生命的短暂性，佛陀把人的自我成分称为“集”——一束束如松散的纱线挂在一起——而身体是个“堆”，“它的成分不会比成堆的谷子更结实地聚集在一起。”为什么佛陀要那么辛苦地强调那似乎已经很明显的事实呢？因为，他相信，只有让这个无常观念深入人心，我们才可能从这种渴求永恒的痛苦中解脱出来。面对这个虚幻的世界，佛陀说：

> “一切有为法，如梦幻泡影，如露亦如电，应作如是观。”

既然认识到世事的极端无常，我们可能会以为佛陀对“人能否超越身体的死亡而继续存在”这样一个问题给出否定的答案，但是事实上他的回答是模棱两可的。普通的人死时留下一连串的欲望，只能在另一次的转世重生中得以实现；在此意义上，至少这些人会继续活下去。但是，对于已经摒弃了所有人类欲望的阿罗汉来说，他们又会怎样呢？这样的人仍然继续存在下去吗？当有人提出这样一个问题时，佛陀说：“阿罗汉是深刻、不可计量、深不可测的，他如大海一样强大。‘再生’不适用于他，‘不再生’也不适用于他，任何这类名词合起来都不适用于他。”

我们可以假定这一模糊的回答是为了提醒我们，有些问题被我们的语言如此笨拙地提出来，以致问题本身的形成就预先排除了解答。得悟的灵魂在死后是否存在的问题，就是这一类的例子。如果佛陀的回答是："是的，它会继续活下去。"听众们就会假定，我们现在的经验模式会持续下去，这不是佛陀的意图。另一方面如果他说："悟道后的灵魂停止存在了。"听众们就会假定他将这一点归于整个的绝灭，这也不是他的意图。在这种拒绝极端的基础上，我们不能确定地说很多，不过我们可以尝试说些什么。人类精神的终极命运是一种状态。其中，一切有限自我的生平经验认同的因素都会消失，而经验本身不仅保留了下来，而且还提升到了无法辨认的状态。就像不连贯的梦境在醒来之后就会完全消失一样，就像星星在朝阳升起之下消失一样，个人的觉识会在整体觉识的亮光中隐去。有人说："露珠溜进了发光的海洋。"还有人认为露珠是敞开自己接受海洋。

如果我们试图对涅槃状态做一个更加详细的描述，那么我们将在没有佛陀的帮助下进行，因为佛陀不仅明白那种状态根本无法用语言来描述，而且他拒绝用美好的预言来哄骗听众。

一千个问题还在那里，
但是佛陀沉默了。
别的人仍然逗留在我们的问题中，
你却是自由的。
我们一再追问，
而你笑着，
岿然不动。

斯瓦扬布纳特寺的宗教学校外的小和尚。

大乘和小乘

到目前为止，我们一直在从其最早的记录来研究佛教。现在我们来看看佛教的历史，它展示了一个传统的信仰在向禀赋各异的广大民众服务时，变化是如何产生的。

当我们以这样的旨趣来理解佛教历史的时候，立即冲击我们的是它的分裂。在佛陀死后不到一个世纪的时间里，派系分裂的种子已经埋下了。它们与那些使人分化的问题有关，其中主要有三个问题。

第一，人是彼此独立的还是相互依赖的？有的人最注意他们的个体存在，结果是他们自己想要在人生过程中走出自己的道路。“我出生在贫民窟，我父亲是个酒鬼，我所有的兄弟姐妹都不成器——不要跟我讲遗传或环境因素。我之所以有今天，是靠我自己！”这是一种态度。另外持相反看法的人，对他们来说生命的相互关联性胜过一切。对他们来说，人与人之间的隔离似乎是空洞无力的。“不要问丧钟为谁而鸣，丧钟为你而鸣。”

第二个问题与人所处的关系有关，不是他们与同胞的关系，而是与整个宇宙的关系。宇宙是友善的吗？或者就算没有敌意的话，它是无动于衷的吗？

第三个造成分化的问题是：人类自身最好的部分是什么？是头？还是心？古典主义者视思想高于感觉，浪漫主义者则站在相反的立场上。前者追求智慧（如果一定要选择的话），后者选择慈悲。

只要是人，以上列举的三个问题就有可能分化他们，也分化了早期的佛教徒们。一个团体把佛陀的告别演说当作座右铭：“要做你自己的灯，努力去实践你们的救赎。”这个团体中的成员取得什么进展，都是智慧的果实，而不是宇宙的恩典（慈悲）。另一团体主张把慈悲放在智慧之上，从大慈大悲的佛陀那里寻求帮助，并且试图帮助其他人。

其他的区别集中围绕在这些基本的区别上。第一个团体坚持佛教是个全职的工作，因此那些以涅槃为核心目标的人，就必须放弃俗世成为和尚。第二个团体认为佛教与俗世之人和专业人士同样有关系。这种不同还反映在对这两种看法不同的名称上。两者都自称为乘（yanas），好比载人渡过生命之河的筏或渡船。不过，第二个团体强调它的宇宙之恩典（慈悲），以及对世人更广大的关怀，而自称为“为人的佛教”，因此是两种渡法中较大的一个。相应地，它就先发制人，取名大乘（Mahayana），大筏，maha 意思是“伟大的”。第一个团体则被称为小乘（Hinayana）或小筏。

小乘佛教徒们对这个讨厌的名字不太喜欢，宁可称他们的佛教为长者之路。这样他们就争到了主动，而声称代表了原始佛教，也就是乔达摩本人所传的佛教。如果我们把自己限制在最早的佛经，即巴利文经典中记载的佛陀直接的说教之中，那么这种宣扬是没有问题的，因为从整体上讲，那些经文的确是支持小乘佛教徒的立场的。但是这个事实并不能阻止大乘佛教提出相反的主张，他们认为他们才是佛陀的真正继承人。他们争辩道，佛陀以他的生命和榜样来说教，这比巴利文经典上的说教更有说服力，也更加深刻。有关他一生最具决定性的事实是，在悟道之后，他并没有满足于处身涅槃之内，而是重新入世把生命奉献给世人。

我们可以搁置这两个教派在使徒传承上的争议，我所关心的是理解他们立场的含义，而不是去评判他们的主张。到目前为止，所显见的差异或许可以概括为下面的一些对比，不过，我们要谨记，它们并非绝对的，而只是以强调的方式来指出其差异。

一、对原始佛教（Theravada Buddhism）来说，进步完全在于个人——是靠他个人的学识以及运用的程度。对大乘佛教来说，个人的命运是与一切生命的命运相连的。

只有自己的得救是难寻的，单独被拯救的，其灵魂是失落的。

——约翰·惠蒂尔（John Whittier）

二、不仅人与人之间是相互独立的，原始佛教徒还主张人类在宇宙之中依靠的也是自己。没有什么神灵来帮助我们渡过难关。“除了我们自己，没有人可以救我们；没有人能也没有人会。我们必须自己走上正道，佛陀只不过指示了道路。”

三、在原始佛教中，悟道的第一特性是智慧（菩提），意思是深刻洞见到真实本性，了解焦虑和苦难的原因，洞悉另外一个分离的自我核心是不存在的。从这些体认中自然流出了“四大德”：慈悲为怀、同情、安之若素、为他人的开心和幸福而喜乐。从大乘佛教的观点上看，慈悲不是自动、当然产生的果实；比智慧更甚，它必须积极地培养。“我要做那些没有保护者的守卫，”大乘佛教徒祈祷时通常是这样说的，“做航行者的向导，做寻求彼岸的人的一艘船、一口井、一眼泉、一座桥。”

四、僧伽（佛教的寺院组织）是原始佛教的中心。寺院（包括尼姑庵，不过程度稍逊）乃是佛教盛行地区的精神之源。它们提醒人们在看得到的现实背后有一个更高的真理。其中和尚和尼姑受到人们极大的尊敬。另一方面，大乘佛教主要是为俗世人服务的宗教。和尚通常是结婚的，他们主要关心的是为俗世人服务（编注：在日本的情形是如此）。

五、除了这些区别，两派所设想的理想类型也有很大差异。原始佛

尼泊尔境内的经幡和神龛。

教徒的理想是阿罗汉，一个完美的信徒，独自奋力追求涅槃，用惊人的专注毫不怀疑地朝目标前行。与此相反，大乘佛教的理想乃是菩萨（其本质是完满的智慧），一个达到涅槃边缘的存在，自动放弃了奖赏而回到俗世中，使其他每个人都可以得到涅槃。这两种类型的不同，可以在四个人的故事中说明。四个人在穿越大沙漠的旅途中，来到一个四面围着高墙的村寨。四个人之中的一个爬上围墙，到了墙头的时候发出一声欢呼就跳了过去。第二个人和第三个人也做出了同样的举动。第四个人爬到墙头，他看到下面花园中溪水淙淙，果树成荫，他也很想跳过去，但是他想起了别的旅行者还在炽热的沙漠中跋涉，于是他爬下了墙头，致力于带领他们也来到这片绿洲。最后一位就是菩萨，他决心不进入涅槃，“除非连花草都能悟道了”。

六、这种在理想上的差异反过来大大影响了两派对佛陀本人的评价。对于一派来说，他主要是一位圣人；而对于另一派来说，他是一位救世主。原始佛教徒尊他为至尊的圣者，通过他自己的努力悟到了真理，成为一位无人能及的导师，但是他本人的影响随着他死后进入涅槃而终止了。大乘佛教徒对他的崇敬不止在于他的这种人性，对他们而言，佛陀是一位救世主，“通过他那戴满了宝石的双手的光芒”不断吸引一切众生到他那里。

这些差异是最核心的，不过还可以提出另外几点来完成整个图像。原始佛教徒跟随他们的创始者，认为玄想是一种毫无用处的消遣，而大乘佛教则提出详尽的宇宙论，认为宇宙是由多层的诸天和地狱组成。原始佛教徒唯一鼓励的祈祷，就是冥想与恳求深化信念和慈爱之心，而大乘佛教增加了祈愿、恳求以及呼唤佛陀之名来求精神（灵性）的力量。最后，原始佛教徒对早期巴利经文几乎持有原教旨主义般的保守态度，

萨尔纳特的佛陀雕像

大乘佛教徒把佛陀说成是救世主，通过他饰有宝石的双手的光芒来吸引众生向他而来。

而大乘佛教则几乎在每一方面都持有自由的态度。对较晚期的经文，它同样地接受其权威性，在解释修炼规则上也没有那么严格，对妇女和一般俗世人在精神（灵性）上的可能性有比较高的看法。

因此，轮子最终转了一个完整的圈。一开始反对礼仪、玄想、恩典以及超自然的宗教，结果这些却都强势回归，而且它的创始者（就人格神是否存在而论，他是个无神论者）本人转变成了这样的一位神。

哪一派赢了呢？内在地说，没有赢不赢这回事，但是外在地说（就信众的数量来说），答案是大乘佛教赢了。

到目前为止，我们注意到的差别都是教旨上的，但是他们之间还有一项重要的社会政治差别。那就是到现在我们还没有提到的原始佛教寻求体现佛陀教诲的一项特点：他认为整个社会，你可以称之为文明，应如三脚架般建造在君主制、僧伽以及俗众之上，每一单项对其他两者都有责任，并从他们那里得到服务的回报。直到今天，还信仰着原始佛教的南亚国家（包括斯里兰卡、缅甸、泰国和柬埔寨），都严格地吸纳了佛陀的政治要旨，他的模式的残余直到今天仍然可以在这些地方辨识出来。中国对佛教的兴趣回避了包括教育和政治在内的社会诸层面。在东亚地区佛教以某种嫁接的方式出现。佛教教徒说服了中国人，宣称他们拥有中国圣人未曾宣说的心理的和形而上的深意，不过孔子曾经对社会秩序思考颇多，佛教在这个层面提供的更多是一种补充作用。中国摒除了佛陀的政治主张，而取其具有宇宙意味的心理——精神的成分。

阿旃陀洞穴寺庙中的壁画

内容是拈花布道期间的佛陀，据说这标志着禅的开始。

金花的秘密

在佛教分化之后，原始佛教继续保持相当统一的传统，而大乘佛教则分化成很多宗派或学派。其中最流行的是净土宗，信仰慈悲的佛陀把信仰者带领到西方极乐世界的净土，与基督教中的天堂类似。另一个重要的大乘佛教派系（在中国称天台宗）把儒家对学问和社会和谐的偏爱引进到佛教之中。我们将不再深入探讨这些大乘佛教中的较小的宗派。我们将首先为受道教影响很深的佛教也就是禅宗保留篇幅，其次，是兴起在西藏的佛教。这样选择是因为它们在西方也是深受关注的佛教分派，还有额外的好处是，它们将把我们带到佛教兴盛的两个十分不同的地区。

正如其他大乘宗派，禅宗教派也主张把它的观点一直追溯到乔达摩本人。它主张在巴利经典中记录的佛陀说教，是群众领悟的那一部分；佛陀的另一些更有感知力的信徒，在他的信息中认识到了一种更高的、更精微的教诲。这一经典的例子就记录在佛陀的花之道中。佛陀站立在一座山上，信徒围在他四周，此时，佛陀一言不发。他只是手持一朵金莲花。除了摩诃迦叶之外，没有人能理解这一意味深长的手势，摩诃迦叶的微笑表明他已经抓到了要点，佛陀因此指定他做继承人。引发那个微笑的洞见，通过 28 代祖师在印度广泛传播着，并在公元 520 年由菩提达摩传到中国。在 12 世纪又从中国传到日本，它就包括了禅宗的秘密。

进入禅的世界就像通过爱丽丝的镜子。人们会发现自己身处在一个近乎疯狂颠倒的幻象世界中——大部分都是美妙的疯狂，不过还是疯狂。它是令人迷惑的对话、难解的谜语、惊人的悖论、公然的矛盾以及唐突的无关的推论，全部内容都以极尽所能的最文雅、喜乐和无邪的文体表现出来，举例如下。

某位师父每当被问到禅的意义，他就竖起食指，仅此而已。另外一位师父则踢一个球。更有一位师父则是给提问的人一巴掌。

一位新信徒提到佛陀时使用了敬语，他被喝令把嘴洗干净，日后再也不许说那个脏字眼了。

一群禅师聚在一起，相谈甚欢，宣称根本没有佛教或启悟这类东西，也没有任何一点点类似涅槃的东西。他们给彼此设下陷阱，想要骗对方去做一个含义可能相反的断言。由于他们都训练有素，因此总能巧妙地避免落入对方的陷阱和圈套，这时整个人群就爆发出震耳欲聋的笑声。

这到底是怎么回事儿呢？就算这不全然是哄骗别人的谎言，却一眼看上去像奥林匹克的马戏一般，到底有没有可能弄清楚其中的含义呢？在这种含糊的对话中，他们是认真的吗？或者他们只不过是在嘲弄我们？答案是他们完全是认真的，尽管他们的确不太严肃。我们不能够完全表达出他们的观点，因为禅的本质是不能用语言来说明的，我们在这里只能给出一点暗示而已。

我们可以从以前间接提到的一点入手，即语言的局限性。众所周知，菜单并不是饭菜，地图也不是它描述的疆域。禅宗的独特之处就在于它的专注（甚至痴迷），即对这一区别的专注，以及它对精神滋养（如果我们可以这样说的话）往往止步于菜单阅读的警醒。当佛陀解释这一点时手举着一朵花，摩诃迦叶领会了这一点，没有插话。当（1 000 年之后）菩提达摩把“那一点”带到中国，他把他带来的东西定义为“教外别传”。禅宗着重延续了这一经验。只有当他们的禅师（日本禅师）认为他们获得了摩诃迦叶在花道中顿悟到的那种无言闪现的经验时，承袭者们才能被承认是禅师而有权授徒。

缅甸人的佛陀概念。

这种体验是如何获得的呢？我们单就临济宗（另外一个禅宗的分派是曹洞宗）来说，获得这种体验的方法可以通过四个关键词来阐释：打坐、心印、参禅、顿悟。“打坐”的字面意思是“坐着冥想”。大部分的禅修是在一间冥想的大厅里进行，和尚们以从印度传过来的莲花坐姿坐着。他们的眼睛半闭着，眼神不聚焦地落在他们坐着的褐色草垫上。就这样坐着，一小时又一小时，一天又一天，一年又一年，他们寻求唤醒佛性，然后重塑他们的日常生活。

在他们冥想的过程中，最独特的地方是他们想要达到“心印”的目标。一般来说，心印代表问题，不过禅设计的问题是很离奇的。

一个巴掌怎么能拍得响呢？

在你的祖先出生之前，你的面孔是什么样子的？

有位和尚问赵州（一位著名的禅宗大师）：“狗有佛性吗？”赵州回

和尚们在英国的法会上练习打坐。

答说："无（没有）。"（这里有矛盾的地方，我们要知道佛陀曾经说过，甚至小草也是有佛性的。）

我们的直接反应是把这些谜题看作荒谬的而不予理会，但是禅的修炼者是不允许这样做的。他被要求把他全部的身心集中在这些谜题上面，但是（至少在最初的阶段）不是以我们所谓的逻辑思考或者理性的方式。禅宗相信，心灵不是以正常、理性的方式来运作，而是以其他方式。它正是以这些隐藏的方式，通过打坐把它付诸行动。

这一点需要解释。从禅的角度来看，理性就像一个非常短的梯子，无法令人到达真理的完全高度。因此，它必须要加上其他的手段，而心印就是为了辅助它的。如果禅师们毁谤理性，我们必须记住禅并没有试图安抚俗世的人心。正好相反，禅想要把它放在适当的位置，通过强迫理性与那些（从理性的角度看来）荒谬的东西较劲、纠缠，心印就是要把心灵驱逼到一种烦乱的境地，就像一只受困的老鼠在绝望中对着它那逻辑的牢笼乱撞。通过悖论和推断，禅激怒、煽动、刺激、惹恼，最后把心灵搞得疲惫不堪，直到它明白思考永远也不会多于思考之所向。于是，一旦把理性的心灵带到了禅要把它带到的绝境，它就要靠突然一闪的灵光来跨越间接生命和直接生命之间的鸿沟。

> "光亮突然照耀到秘密的领地……
> 在那里逻辑死亡了，
> 秘密通过眼睛而成长。"
>
> ——狄伦·托马斯

与心印奋斗着，禅师并非孤独的。其他的和尚也在进行同样的追求。平均来说，为了"印证"，他一天会私自去见师父两次。这种咨询的时间总是很短。受训者重复着他正进行着的心印，带着他得到的最新答案去拜见他的导师，导师会加以证实或是断然拒绝他的答案。

这种方法要把人带领到什么地方呢？第一项重要的突破是一种直觉经验，称之为见性或顿悟。虽然准备的时间可能需要数年，但这种经验却是在瞬间闪现，像无声的焰火在潜意识深处爆

日本镰仓时代早期僧侣的雕塑
从他嘴里面吐出来一连串的小佛像。

炸，对一切事物都有了新的认识。这里有个例子：

“我进去了。我褪去了我肉身的局限。当然，我是有皮肤的，不过我感觉我站在了宇宙的中央。我看到人们朝我走来，但是全部是同一个人，全都是我自己。我以前从未曾知道这个世界。我曾经相信我是被创造出来的。但是现在我必须改变我的观点了：我从来没有被创造；我即是宇宙。根本没有个体存在过。”

日本龙安寺中的枯山水
展现的是禅的简单、纯净。

从上面这段话以及类似的描述中，我们可以推断，顿悟是神秘经验的禅宗版本。无论在何时何地，它一出现就带来了欢乐、与神合一以及一种无法用日常语言表达的真实的感觉。但当这种经验又被看作是宗教寻求的顶点的倾向时，禅却又把它置放在接近出发点的地方。

禅的一半灵感来自中国人的实际的、常识的、此世的取向（来平衡从印度派产生出的神秘的他世取向），禅拒绝让人的精神完全引退到神秘的状态中。一旦达到顿悟，我们就必须脱离我们一直深陷其中的“泥沼”，回归到这个自由的世界。禅的精髓在于它决心把世俗和永恒连接在一起；在于扩大感知之门，让美妙的顿悟的经验注入人们的日常生活。

没有人能彻底完成这项任务，可能只有佛陀本人是个例外。然而根据禅宗经文中的暗示进行推断，我们能够稍微了解所谓的“再也没有什么事可做了的人”会是个什么样子。

首先，他会发现生命明显是美好的。当问及禅的训练会带领人去到哪里时，一位修炼了七年的西方学生回答道：“我觉察不到什么不平常的经验。不过当你早上醒来时，世界似乎美丽到令你难以置信。”

其次，伴随着这种生命美好的感觉，出现了一种对自己与他人关系的客观看法，心中肯定了他人的福祉正如自己的一般重要。二元论消解了。整个人又产生出一种对过去感恩，以及对现在和未来的事物负有责任的感觉。

第三，正如我一直想要强调的，禅的使命并不是要把人从这个世界引开去，起码不会太久；它是要把人送回世间——新的光芒照耀下的世界。“什么是一切奇迹中最奇妙的？”“就是我独自静静地坐着。”禅宗表现了一种神圣的平凡气息。“你吃过饭了吗？那就去洗你的碗吧。”如果你不能在洗碗这么简单的行为中找到生命意义的话，那么你在哪里都找不到。

我每日的生活没有什么不同，
只不过我自然地与之和谐度过。
不取一物，不拒一物。

在任何情况下无碍、无争……

挑水、担柴，

这是超自然的力量，这是奇妙的活动。

第四，在有限之中发现无限，最后产生一种普遍适意的态度。“昨天晴，今天雨。”有经验的人超越了偏爱和拒绝的相对性。正如僧灿的诗中所说：

至道无难，惟嫌拣择。

毫厘有差，天地悬隔。

最后，当我与他、有限与无限、接受与拒绝之间的二元对立被超越之后，连生与死之间的对立也消失了。正如一个有经验的人所说，“当达到禅悟的境界之后，个人再也不会感觉到个人的死亡会带来生命的终结。个人已经活过了无尽的过去，也将活到无尽的未来。”

若我们不问禅的未来，我们可留意到它对日本文化生活的影响是多么的巨大。尽管它最大的影响在于生活态度方面，日本文化的四种成分却持久地打上了它的烙印。在水墨风景画中，禅宗和尚紧依着土地过着他们简朴的生活，在技巧和感觉的深度上已可与他们的中国老师们相比了。在庭院艺术上，禅宗寺庙将艺术提升到了无比完美的境地。插花技术最初是人们为了献花给佛陀而产生的，但是最后发展成了一种艺术，它是每一位有教养的日本女孩子的必修课。最后，就是著名的茶道。朴实美丽的摆设，几件旧瓷器，缓慢而优雅的仪式，以及一种配合着全然的平静的精神，集中体现了禅宗最好的特性，即和谐、恭敬、清晰和平静。

金刚霹雳

我们已经谈过佛教的两个“筏”或“道路”，不过我们现在还要加上第三个。如果小乘的字意是小道，大乘是大道，那么金刚乘就是钻石道。

金刚最初是指印度雷神的霹雳，但是在大乘佛教把佛陀转化成了一个宇宙角色后，雷神的霹雳就被转化成佛陀的金刚（钻石）权杖。这既保留了金刚最初所拥有的权利含义，又赋予了其美丽和无上的精神。金刚是最硬的钻石，可以切碎其他物质；同时，它又是最透明的钻石。因此，金刚乘成为力量与透明的道——能够实现佛陀智慧和慈悲的力量。金刚乘的根源可以追溯到印度，在它传入西藏后，西藏人把它看成第三种主要的佛教之道。藏传佛教本质上是金刚乘，我们必须补充一点，金刚乘的本质是密宗。

“密宗”（Tantra）这个词有两个梵文词根：一个词根是“延伸”，在这个意义上，密宗增加或者延伸了佛陀的教义；另外一个词根是从编织技巧演绎出来而含有“互相穿透”的意思，就像在编织中，线的经纬互相缠绕在一起。密宗经文主要关注事物的相互关联性。

西藏人认为他们的宗教在目标上与其他宗教并无不同。他们的特色在于它可以使人在一生的时间之内达到涅槃。这种加速需要激发人的全部潜能，特别是身体的力量。

最令西方人感兴趣的能量是性，因此不足为奇的是，密宗在国外的声誉就是建立在把这种冲动用于圣礼仪式上。尽管事实上，密宗对性的学说并没有什么特别。所有宗教在某种程度上都包括性的内容，因为性爱是神圣最真实的显现。在双方互动的高潮时刻，每个人所要接受的就是对方所要给予的，很难说这种体验是肉体上的还是精神上的，或者他

18 世纪尼泊尔的一对夫妇铜像
以一种瑜伽的姿势盘坐着。

们感到自己究竟是两个人或是一个人。使密宗与众不同的是，它全心全意地支持性作为精神伙伴，公然而蓄意地与之合作。除了性爱的神经质和兴奋之外，密宗通过它们的艺术（表现在男女的性爱拥抱中），在他们的幻想里（想象的能力应该极力加以培养），以及在明白的性行为中（因为四个教士阶层之中只有一个是独身的），把性爱结合的肉体和精神分成两者，并保持在严格的联系之中。

在阐述了密宗性方面的问题之后，我们可以继续探讨它修炼中的一般特点了。我们已经看到了它们在实践中以身体为基础的特点，我们现在可以再补充一点，它们专注于言语、视觉和姿势。佛教的禅和印度教的“修的瑜伽”，这两种冥想课程都是要令身体静止不动，而使心灵超越肉体。密宗修行者承认声音、视觉和运动能够分心，但是却不必然如此。如果这种方便法门运用得当，它们可以使精神追求成为可能。其中咒语的声音把噪音变成神圣的修炼方式。手印的设计手势把它们变成神圣的舞蹈。曼荼罗（Mandalas）用圣像的神圣之美来吸引朝圣者的视线。

整合了这些设计的密宗修炼的礼拜仪式，大概是这样进行的：平行地成排坐着，头上戴着王冠、狂野的萨满教巫师的帽子，身披褐紫色的袍子，再将身体轮番地裹在奢华的银色、深红色和金色的法衣中，和尚们有韵律地吟唱着，深沉的、喉音的、有韵律的单音的，汇聚成一种独特的多声部的吟唱，听上去像是合唱团的和声。而同时，他们的手做着优雅的手势，运用动感来增强自己所进入的意识状态。在这整体过程中，和尚们想象他们看到了自己所呼唤的神灵。这种想象所见的状态极为专注，以至于他们竟然能够看到神灵好像具体地出现在面前。这构成了一种灵性的艺术，为了将人的精神提升到与召唤来的保护神们同样的高度，从而分享它们的力量。

渡河的形象

我们已经看过了佛教的三种渡的模式：小筏子、大筏子和金刚筏。这些工具如此不同，因此，我们必须要问，它们是否有任何共同之处。在两个层面上，它们是应该作如是观的。他们都崇拜同一个创教主，而且三者都可以包含在单一的暗喻下——就是乘坐渡船过河的简单日常经验。

在出现用桥梁横跨河流的科技之前，渡船在我们每一次主要的旅程中都扮演着重要的角色。佛教用这一事实做比喻，因为佛教乃是教人渡过人生之河的旅程——一个从无知、贪婪和死亡的此岸到达智慧和启悟的彼岸的旅程。佛教的不同派别无外乎是个人选择乘坐工具种类的差别（乘），或旅程抵达阶段位置的不同。那么这些阶段是哪些呢？

当我们在第一个河岸时，事实上它是指我们整个世界。我们脚下的土地是坚实而可信赖的，而彼岸几乎看不到，对我们的行为没有什么影响。

然而，如果有某种事情使得我们看到彼岸的情形，我们可能会决定尝试过河。如果我们本性是比较独立的，我们可能会决定自己渡河，那么我们可能会遵从佛陀的设计，自己动手造一个坚固的筏子。然而，我们往往没有时间或者没有能力来从事如此大规模的工程。那我们就是大乘佛教徒，走上停泊在河岸已经准备好了的渡船上。当这一群探险者登上船时，他们心中充满了喜悦之情。注意力集中在远处的河岸，旅客们仍然像是此岸的公民。

当渡船离开了河岸横过河流前行时，我们离开的河岸逐渐丧失了它的实质。岸上的店铺、街道还有如蚂蚁一般的人混在一起，并且逐渐解

婆罗浮屠寺庙群的浮雕
描绘了佛陀的教导被输送到海外其他地方。

除了与我们的关联。而另一方面，彼岸也还看不清楚，似乎仍然遥不可及。此时，唯一可以触摸的现实就是水，充满了诡谲的暗流，而船呢，虽然牢固，却危险不安地与波浪搏斗着。这就是佛教徒作三誓愿的时刻：我在佛陀那里避难——一位探险者完成了这个旅程，为我们证明了可以成功的事实；我在达摩（法）那里避难，我把生命交托给这艘船，相信它能经受住海水的侵蚀；我在僧伽（秩序）那里避难，我们对领航的全体船员们充满信心。

彼岸近了，渐渐成真了。筏子碰到沙滩，我们踏上了坚实的土地。这块曾经是模糊的、不真实的单薄的土地，现在成为事实了。而被我们抛在身后的河岸，此前是那么伸手可及而真实的，现在却不过是一道细长的地平线，一个视觉上的小点，一段离我们远去的记忆。

迫不及待地探索我们的新环境，不过却没能忘记对那神奇的船只和安全地把我们送到福地的船员们表达感激。不过，如果坚持带着船一起钻进树林，那就不是感恩了。佛陀问道："如果到达彼岸后，仍然抓紧载着他安全过河的筏子不放，把它所有的重量都扛在肩上到处走，那他算是个聪明人吗？"

这印证了《般若波罗蜜多心经》或《大智度论》，它们被广泛地认为是佛教的终极经文。五戒与八正道，苦、业、涅槃等概念，所托付的僧伽以及佛陀本人的人格——这一切对于个人渡河的行动来说都是至关重要的，但是对于那些已经抵达彼岸的人来说，就失去了它的意义。的确，对于那些已经到达彼岸，还要继续探索其内部的人来说，不单是那筏，就连河和此前的岸都从视线中消失了。当这个人转过身来回望身后的土地时，会出现什么呢？已经跨过了一道地平线，那分隔此岸与彼岸的河流也消失了，那片陆地会有怎样的呈现呢？回头看，没有了分隔的河流、没有了彼岸、没有了筏子、没有了摆渡者。这些事物已不再是新世界的一部分。

在渡河之前，人与神这两岸，看起来如同白昼与黑夜一样，必然是彼此不同的，但是一旦人渡过了河，就再也没有二分的存在了。神的领域并不是一个特殊的地方，而是旅者现在站立之处。如果那个站立处刚好在这个世界之内，这个世界本质就变了。在这种意义上，我们来看《般若波罗蜜多心经》中所表明的："我们这一世的生命是涅槃本身的活动，在它们之间没有丝毫的区别。"旅者已经介绍了一个正面地称之为涅槃，而反面地称之为空的地方，因为它超越一切形式（色），现在"河流征服者"在他之前所处的世界里看到了空，这一点必须在旅行之后才能看清楚。“色即是空，空即是色。”接受和拒绝之间的喧哗分野被填平了，每一时刻都被确认为真实的时刻。这乃是因陀罗的宇宙之网，在每一接合处都镶嵌着珠宝；每颗珠宝的光芒都反照着其他的珠宝，跟所有其他的珠宝相映生辉。

“我们站立的这片土地，是许诺的莲花福地，而这个肉身，即佛陀之身。”

这个新到达的彼岸明确了菩萨在“花草都被启悟之前”绝不进入涅槃的誓言，而花草一直生长出来，难道这意味着菩萨永远也不会悟道吗？其实并非如此。它的意思是菩萨已经上升到一定程度，超越了时间和永恒的区别，如雷电般的洞察力消融了由理性划分出的区别。“珠宝的永恒存在于生与死的莲花中。”

日本镰仓时代的菩萨小铜像。

从正常的、世俗的意识立场来看，在这种最高的洞察力和世俗的谨慎之间，一定总有不一致的存在。尽管这一点并不令人惊讶，因为如果世界对于那些已经渡过无知之河的人而言还是完全一样的话，那才真是奇怪呢。只有他们才能够消解世界的差异——或者也许我们可以这样说，在他们跨过去的时候，虽然现在差异还在，但是已经没有什么不同了。对于有老鹰一般锐利视觉的人来说，河流仍然可以被看到，只不过它被看作是连接两岸的纽带，而不是分割两岸的桎梏罢了。

佛教与印度教在印度的合流

对于佛教中最基本的自相矛盾（一种开始批判仪式、幻想、荣耀、神秘和人格神的宗教，最后把这一切都纳入其中），还要加上另外一个自相矛盾。除印度之外，今天佛教在亚洲各地流行。佛教在世界各地都取得了胜利，唯独在它的诞生地却消失不见了。

虽然可能看起来如此，但是事实上，在印度佛教并不一定逊于印度教，而是适应于其中。追溯到大约公元 1000 年，佛教在印度仍然是一种显著的宗教，但是从那时起，其与印度教在制度上的差异从某种程度上说似乎没有了。

印度教承认了佛教许多改革的合法性，通过模仿佛教的僧伽，而出现了印度教的苦行僧（流浪）教团。

另一方面，佛教教义因为开始采用大乘佛教语言而愈来愈像印度教教义。

只有在人们断定佛教原理在随后的印度教中没有留下任何痕迹的时候，才能说在两者的合流中佛教失败了。事实上，几乎所有佛教正面的教旨，都能在印度教中找到它们的位置或者类似的影子。佛教的贡献被印度教所接受了的（即使不是在实践中实行，也是在原则上接受了），包括强调对一切生物的慈爱，不杀生，在宗教事务以及在社会事务上减少种姓的障碍，还有它一般对于伦理的强调。菩萨的理想在寂天（Santi Deva）所写的祈祷文中留下了痕迹："我对菩萨的唯一祈求是让我感受到他人的痛苦，并有能力帮助他们缓解痛苦，使他们开心快乐。"佛陀被认为是天神下凡，或者是神圣的化身；涅槃在实质上与解脱的思想毫

中国重庆市大足区的镀金佛陀石雕。

无二致。般若波罗蜜多打破轮回和涅槃的界限在印度教中找到了回应："正是这个世界，那是一座欢乐的大宅；在这里我可以吃、可以喝、可以欢乐。"（罗摩克里希那）

中国曲阜风化的孔子雕塑。

第四章

儒家

"若圣与仁，则吾岂敢？
抑为之不厌，诲人不倦。"
——孔子

石雕像，孔子和他的随行弟子。

至圣先师

如果说有一个人的名字始终跟中国文化联系在一起的话，那就是孔子——孔夫子或者孔圣人。中国人尊称他为至圣先师，这并不是从年代上说的，而是因为他的地位首屈一指。没有人说他一手缔造了中国文化，但他是中国文化最重要的编撰者。

读者如果认为这样的成就必然出自一个戏剧化的生命，那就会失望了。孔子出生于大约公元前551年的鲁国，在现在的山东省境内。他早年的生活困难，身份低微。孔子的父亲在他不到三岁时就去世了，完全靠他慈爱却贫穷的母亲将他抚养成人。他不是个书虫，但是他很早就开始读书，而且成绩优异。

在20岁出头的时候，孔子做过几次政府的小官，有一个乏善可陈的婚姻，后来他就当起教师来了。很显然，这成了他的志业。他的声名迅速传播开来，吸引了一批热诚的弟子跟随他。即便如此，以他自己的抱负来衡量，他的人生也是失败的，因为他的目标是公职。他相信除非让人看到他的理论是切实可行的，否则它们不能根深蒂固。然而事实上，当时的统治者都惧怕孔子的正直和诚实，而不敢任命他任何拥有实权的官职。

在他50岁的时候，他开始了长达13年的长途跋涉，周游列国，主动向统治者提供如何治国的意见，希望找到一个可以将他的理论付诸实践的机会。这个机会一直没有到来！各国都没有理会他的忠告，只有一小群忠实的弟子不顾挫折、失望和几近挨饿，一直坚守在他身边。

一段时间之后，他的祖国鲁国给他提供了一个当官的机会，他被请

宋朝艺术家描绘的宫廷生活。

回国去了。然而他自知年岁已高，已经不能担任公职了，所以他把生命中最后的五年，安静地贡献给教学和编纂中国过去的经典。他死于公元前 479 年，享年 73 岁。

作为一位政治家，他是个失败者，但他无疑是世界上最伟大的教育家之一。他具备广博的知识，也是一位全才。他一个人开办了一所大学，教授他那个时代的所有学科。他教学的方式是苏格拉底式的，通常是非正式的。他好像从来都不演讲，只谈论学生们所提出的问题、引经据典，以及提出问题。他跟学生们之间交流的公开性，也同样令人印象深刻。他从不认为自己是圣人，圣对他来说不是知识的累积，而是行为品格。他向学生表明，他是他们旅行的同伴，他们之间是亦师亦友（学友）的关系。同时，在他所从事的重要工作上，他是丝毫不会妥协的。这使得他对学生们有了更多的期许，因为他看到自己招纳学生的教育事业，其实是在匡正整个社会的秩序。这种信念使得他成为一个热心者，但是他的幽默感和平衡的意识，使他没有成为一个极端主义者。他没有一点儿超脱尘世的情怀。他喜欢与人相处，外出吃饭，跟大家一起唱好听的歌，他爱饮酒但绝不过量。弟子们称：“他亲切而坚决，庄重而愉悦。”他的民主作风我们已经说过。他不单是常常为黎民请命，以对抗当时压迫人的贵族；在人际交往中，他不怕非议，与各个阶层的人都有所往来——举个例子，他从来不会轻视他的穷苦学生，哪怕他们交不起学费。

自始至终，他对自己的要求都比对别人严格。“若圣与仁，则吾岂敢？”他说，“抑为之不厌，诲人不倦，则可谓云尔已矣！”如果他愿意与当权者妥协的话，权力和财富都可以得到，但是他宁可选择穷且益坚。他从来没有后悔过自己的选择。“饭疏食饮水，曲肱而枕之，乐亦在其中矣！不义而富且贵，于我如浮云。”

在他去世后，人们对他的颂扬就从他的弟子们开始慢慢向外传开了。令人欣慰的是，他的思想得到了重视。直到20世纪为止，2 000年来，每位中国学生每天早晨都会朝教室内供着的孔子牌位作揖。几乎可以说每一位中国学子都用心学习他的《论语》，其结果是他的思想成为中国人心灵的一部分，而且以口语式的格言慢慢渗透到不识字的人心中。中国政府也受到他的影响，并且比受到其他任何人的影响都要深。从公元纪元开始，大量的政府部门，包括一些最高的机关，要求官员具有儒家经典的知识。政府还曾经多次尝试，有些是半官方的，试图把他抬高到神的地位。

是什么产生了这样的影响呢？这种影响巨大，以致汉学家把儒教看成占世界人口四分之一的国家最伟大的精神力量。不太可能是因为他的人格，因为他的人格是可以仿效的，这不足以解释他在历史上的影响。如果我们转过来看他的思想，那我们的困惑就更多了。作为教诲的故事和道德的箴言来说，它们是完全值得赞美的。但是这些格言只是单调地说教，往往显得平淡无奇，怎么能够塑造文明呢？乍看上去，

从传统上说，陪葬品包括人死后可能需要的所有东西，其中包括上图中的侍者雕像。

这简直是历史上的一个不解之谜。以下是他曾说过的一些话：

“人不知而不愠，不亦君子乎？”

别人不了解（他），（他）也不生气，难道还不是品德上有修养的人吗？

“己所不欲，勿施于人。”

你不希望别人这样对你，那你也不要这样对别人。

“不患人之不己知，患不知人也。”

别人不知道我，我不会忧虑。我不知道别人，我就会忧虑了。

“无欲速，无见小利，欲速则不达，见小利则大事不成。”

不要希望很快就有回报，也不能贪图眼前的小利益。如果只求很快的结果，你就不能达到最终的目标；如果你被眼前的小利益迷失了方向，你就成就不了大事。

对于这些道德准则，我们实在没有什么不同意之处，但它们的力量在哪里？

孔子面临的问题

为了了解孔子的力量及影响，我们必须以他所面对的迫切问题做背景，这就是乱世社会的问题。早期的中国并不比其他成熟的社会更为混乱。但是，公元前 8 世纪到公元前 3 世纪，中国经历了周王朝权力的瓦解。诸侯国之间争权夺利，自立门户，它们之间持续不断的战争导致了政治乱象。在早期的中国，骑士模式受到普遍尊敬，但是到了孔子晚年，不断的战争让令人尊敬的骑士作风走向战国时代毫无节制的恐怖。在孔子去世后的那个世纪，恐怖到了最高峰。战车之间的争斗逐渐被骑兵的偷袭和突击所取代。原先是拘禁俘虏以索要赎金，而现在是战胜者大量地处决战俘。所有的俘虏都要被砍头，包括妇女、儿童和老人。在这样一个时代，每个人心中最迫切的问题是：我们怎样才能使自己幸免于难呢？

孔子的影响关键就在于针对这个问题所提出的回答中，我们需要以历史的角度来看待这个问题。孔子生活的时代，社会已经到了分崩离析的边缘，社会的黏合功能已经失效。而在这之前是什么把社会维系在一起的呢？

在生命演化到人之前，答案是本能。蚂蚁之间或蜜蜂之间的合作是传奇性的，在低于人类的生物世界中，它们相互之间能够合理地合作，从而使生命得以稳定地延续。然而，人类缺少这种内在的机制，人被定义为“没有本能的动物”。那么，什么东西可以控制社会的无政府状态呢？在种族社会中，这个问题的答案是“传统”——人类学家称之为“习俗结块”。通过世代的尝试与犯错，某些相互影响演变而来的方式维

陶俑

中国古代文官和武士的两个形象，反映了孔子时代的两个社会极端。

持了族群的稳定，这些方式也逐渐流传开来。一旦这些模式建立起来，它们就一代一代未经思索地传下来了。正如罗马人所说的，它们是“用母亲的乳汁”传给年轻的一代。

现代社会追求个人主义，我们很难意识到这些习俗如何得以完全支配人们的行为，但时尚潮流为我们提供了一条线索。如果一位公司主管去上班时忘了打领带，那么他这一天会很难过。

他的问题不在于着装不雅，而在于违反了他所属职业群体的着装规则。这会让他看起来像局外人，同时他会感觉不自在。而这种不自在源自传统力量的影响力。

如果我们把这种公司着装规则的传统力量推广到生活的各个领域，我们就会知道传统的社会功能之所在。总结起来，主要有以下两个要点。

（1）传统控制他们的程度是令人惊讶的。在爱斯基摩人和其他原住民的部落里，根本没有“不服从”这样的词。

（2）传统潜移默化地施展着它的影响力——自发地、不假思索地。没有制定附有惩罚条款的法律，也没有刻意设计的道德教化。群体期望是如此之强烈和不妥协，以至于年轻人自发地将之内化了。

儒家出现之前的中国就是如此严格地遵循传统。仅举一例，历史记载中有一位贵族女性在宫中起火时被活活烧死，不是她不能够逃生，而是因为她拒绝破坏当时在没有侍女的伴随下不得离开屋子的习俗。这位（与孔子同时代的）史学家用一种掩饰的手法记载了这一事件，表示虽然习俗在他心目中已经丧失了部分力量，但是仍然十分稳固。他主张如果该女士尚未结婚，她的行为是毫无问题的。但是因为她不仅已经结婚了，而且还是一位年长的妇人，让她在没有人陪伴下离开起火的宅院，“在那种情况下是完全可以的”。

在孔子的那个时代，很少有人像上文描述的那样还去理会传统。中国已经发展到一个关键的时刻，大量有个体意识的人出现了。这些人更关注的是自我意识，而不是群体意识；更关注的是自我利益，而不是群体的期待。把社会黏合在一起的旧泥灰现在破碎、脱落了。在他们摆脱这“习俗结块”的时候，这个结块已经被弄破了，无可补救了。

随着秦朝（公元前 221—前 206 年）的瓦解，楚汉战争的胜利者刘邦入主皇宫。

儒家对手的答案

当传统丧失了维系社会的力量时，人类生命就遭遇了前所未有的严重危机。有什么可以替代传统呢？启蒙运动提出了“理性”，教育公民并且给他们灌输理性的理念，他们也就可以更理智地行动。这就是美国立国的托马斯·杰斐逊（Thomas Jefferson）的启蒙信念。但关于这种构想的实际效果还有待证实，因此省察古代中国所提出的各种选择，并不只包含一种爱好古代文物者的兴趣。

这种选择之一乃是由现实主义者的思想家提出来的。当人们不守规矩时，你会怎么办？打他们。这是一个针对标准问题的标准答案。人们最熟悉的就是武力。一旦设计了法律，清楚地规定了什么事能做，什么事不能做，犯规必须被处以刑罚，那么这些严厉的刑罚就能使他们守住分寸。简而言之，现实主义者对社会秩序问题的答案就是带有利齿的法律。

从这套政治哲学所延伸出来的对人性的评价显然是低的。在两个方面来看是低的。首先，它假定低劣的冲动压倒了高贵的冲动。人天生是淫欲的、贪婪的和妒忌的。善，如果要出现的话，它必须是植入人心，就如同木材需要压床才能拉直一样。其次，人们是短视的。统治者必须预见长远的利益，但是老百姓们是做不到的。他们不会自发地为了长远的利益而接受眼前的牺牲。假设一个婴儿患上了一种头皮的疾病。“如果婴儿不剃头，这种病就会复发。但是在剃头的时候，虽然有人紧紧地抱着他，但他还是会号啕大哭以示反抗。他不能理解目前承受小小的痛苦，结果会有大大的收获。”同样，民众“要安全，却痛恨产生安全的手段”。

针对这一社会问题，墨子提出了一个完全不同的答案，他提倡一种与现实主义者的答案相反的力量，也就是爱。只有对所有人传播爱和善的意愿（“兼爱”），和平才能得以实现。他坚持认为，一个人应该“爱人如己”，“国家之间互相攻伐，家与家之间互相侵占，人与人之间互相伤害，它们的产生是因为互相关爱的缺乏。我们如何来改变这种情况呢？要关心别人的国家如同关心自己的国家，关心别人的家如同关心自己的家，关心其他的人如同关心自己。当世界上所有的人都爱彼此，强者就不会压迫弱者，多数人就不会压迫少数人，有钱人就不会嘲笑穷人”。（编注：国之与国之相攻，家之与家之相篡，人之与人之相贼，以不相爱生。既以非之，何以易之？视人之国，若视其国；视人之家，若视其家；视人之身，若视其身。天下之人皆相爱，强不执弱，众不劫寡，富不侮贫。）

太监
通常是指在宫廷中服务的被阉割的人。

墨子对爱的信心是不切实际的。它源于他的有神论，这是中国最清楚的例子。宇宙是善的，因为它受上帝——一位人格化的上帝的支配。神“热爱着人民，他赏善罚恶，为了人类的利益而创造了万物”。在一个如此有秩序、充满爱的世界里得不到回报，这是不可思议的。

孔子的答案

对社会凝聚问题所提出的这两种解决办法，孔子都不认同。他反对现实主义者用武力的答案，尽管武力可以约束民众的行为，但它不能改变民众的态度。墨子认识到必须改变态度才能更接近这个目标，但是他完全寄希望于爱是不现实的。要想在更大程度上有效，爱一定要由社会结构和一种集体的民族精神来支持；没有这些条件而只讲爱，就是只讲目的而不讲手段。至于培养理性（当前对社会问题所采取的方式），或许在孔子当时并没有出现；即使它出现了，他也会认为它想得不够透彻而不予考虑。汉字“精神”也可理解为“心”，这表明中国人始终认为理性是受限于态度和情感的。除非我们有意去合作，否则提高理性只会令人处心积虑地追求私利。

对于那个时代的不人道的行为，孔子感到极度痛苦和挣扎，他试图寻找一个完全不同的治理方向。他热爱传统以及它的教化力量。通过研究，他确信大约500年前，在周朝初期，中国已经达到了真正的黄金时期，孔子称之为“大同时代”。他反思了是什么带来了这一幸福国度的诞生，他总结为生活方式（传统的另外一种说法），这是经过祖先完善而传给后代的，就像他们给予后代生命那么自然。

孔子对周朝的生活方式（传统）充满敬畏，向往那种使他生活的时代相形见绌的和平与和谐。恢复传统成了他的理想。然而，当创造盛世的力量（一种模范式的、自发形成的传统）已经不在的时候，如何才能实现目标呢？他的答案很直接。当自发的传统丧失力量的时候，就通过刻意的传统来强化它——通过有意识的关注给予理性的支撑。他当时并不能用我们使用的措辞来描述出他的答案，但是事实上他就是这样做的。

中国古代玉器

孔子羡慕周朝早期的和谐，图为象征北方的玉器工艺品。

这项主张简单易懂，体现了社会天才对现实的深刻了解。在社会转型期，一项有效的主张必须具备两个条件。第一，它必须是过去的延续，因为它只有跟那些人们普遍熟悉的东西结合在一起，才会被广泛地接受。第二，它所提出的新答案必须清楚明白地说明旧答案的发展是不可行的。孔子的答案完美地满足了这两个要求。他反复地以他心目中的英雄——周朝的开国之父做例子，努力地把传统维持在历史舞台的中心位置；他声称自己是一位“好古之人”（编注：“信而好古”）。他以一位政治家的聪慧立足于法规之上，将经典作为他的讲坛的指导原则，而他一直都在不停地阐释着、改造着、重构着。虽然他的目的不为人所知，我们却能够感到他正试图推动一个重大的转变，把传统从不自觉的转成有意识的状态。

完成这一转变需要专注于两件事情：保持传统力量的完整性，并且决定传统今后服务于何种目的。一个民族首先要决定他们需要何种价值观，然后每一种教育手段（有形的和无形的，从生发到死亡）都应该致力于把这些价值普遍地内化于人们心中，通过每一种可能的方式（寺庙、戏院、家庭、玩具、谚语、学校、历史和故事等），道德观念被灌输到人们的心中，直到它们变成人们日常生活的习惯为止。在这种意义下，就连节日和游行在性质上都是宗教的。通过这样的手段，即便是一个由个人组成的社会也能够产生一种暗示的力量，使其成员纵使在没有法律监管的情形下也能在社会上举止得体。

这是一种有力的常规，也许只有通过这种常规，独特的人类价值才得以普及到广大民众中。一千多年来，每个中国儿童学到的第一句话就是“人之初，性本善”。我们可能会对这种毫不掩饰的说教一笑置之，不过，每一个民族都需要它。美国有华盛顿砍倒樱桃树的故事以及《麦格飞读本》（*McGuffey Reader*）上的修身格言。罗马人著名的是纪律和服从，它通过父亲把违反了命令而赢得战争的儿子处死的传说，来培养人们的这种意识。事实上，纳尔逊（Nelson）是否真的说过“英国期待每一个人都履行他的责任？”或者弗朗西斯一世（Francis I）是否真的声称“除了荣誉之外，一切都已丧失？”并不重要。这些故事都表达了民族理想，并且按照其形象来塑造民众。同样，我们应当认真对待《论语》中一个接一个的故事和格言，它们塑造了孔子希望中国人应当具备的性格的范例。

子贡问曰：“乡人皆好之，何如？”子曰：“未可也。不如乡人

孔子的容忍和社会责任原则使中国适应了各种各样的宗教信仰，包括佛教。

之善者好之，其不善者恶之。”

子贡问：“如果全城的人都喜欢他，你说这个人怎么样？”孔子说：“这还不够，最好是城中的好人都喜欢他，坏人都厌恶他。”

子曰：“君子泰而不骄，小人骄而不泰。”

孔子说：“有教养的人自重，但不骄矜；没有教养的人骄矜，却不自重。”

樊迟从游于舞雩之下，曰：“敢问崇德、修慝、辨惑。”子曰：“善哉问！先事后得，非崇德与？攻其恶，无攻人之恶，非修慝与？一朝之忿，忘其身，以及其亲，非惑与？”

有一次樊迟跟孔子在雩坛台下漫步，樊迟问：“请问一个人怎样提高他的品德修养，改正他的过失，以及辨别是非呢？”孔子说：“问得好！如果一个人把责任放在成功的前面，不就可以提高品德了吗？如果一个人责备自己的过失，而不去责怪别人，不就弥补他个人的缺点了吗？因为一时气愤，而不顾自己和亲人的安全，那不是太不理性了吗？”

孔子在为他的国人创造第二天性，这正是文明教化的目的。

有意的传统的内容

类似上文中的格言和故事在孔子的语录中比比皆是，我们从中可以提炼出建构孔子思想的五项要点：

一、仁。仁，字源上是“人”和“二”两个字的结合体，指应该存在于人与人之间的理想的关系。它有多种内涵，诸如善、人际关系、慈悲与爱，也许最合适的是人心。在孔子看来，仁是一种至上的美德。它是一种高超的德行，是人的能力之最高展现，甚至人们在说到它的时候，“不得不谦恭”。孔子坦承，他从未看到仁的境界完全地展现。在公众事物中它会激发起无倦的勤奋。在私人生活中，它表现出礼貌与无私，以及移情或“推己及人”的能力。这种心的宽广是没有国界的，我们可以理解为“四海之内皆兄弟”。

二、君子。如果仁是人与人之间的理想关系的话，君子就是指在这种关系中的理想项。他通常被解释为高尚的人和最为仁慈的人。或许最忠实的解释是成熟的人。

君子的反面是小人。君子充分胜任、泰然自若，君子对待生命整体如一位理想的女主人，在她的领地中，她是那么的自在，以至于她是完全放松的。因为如此，她能够全身心地照顾着别人的安适自在。或者换成男性的话，他在整个宇宙中自在到了一定程度，君子得以把理想主人的品质用于日常生活中。因为他对自己的尊重而产生对他人的尊重，他接触人的时候，想的不是“我可以从你那里得到什么”，而是“我怎样才能照顾到你的需要”。

孔子认为，只有心胸宽广的人才能建立文明社会的伟大基础。“心正而后身修，身修而后家齐，家齐而后国治，国治而后天下平。”（如果心中有正义，就有好的品德修养；如果有好的品德修养，家中就有和谐；如果家中有和谐，国家就有秩序；如果国家有秩序，世界就有和平。）

三、礼。礼，有两个意思。第一个意思是规矩——如何做事情的方式。孔子认为每个人都要独自弄清楚什么行为是适当的，这是不现实的，因此他尽其所能搜集到了模范生活最好的例子。

通过格言、轶事，还有他自己的例子，他设法制订出一整套生活的方式，使任何一个受到正当教养的人都知道如何去处世。

孔子定的规矩涵盖很广，不过，如果我们看看他有关正名、中庸、五伦、家庭和老年的教诲，我们就能够掌握孔子所关心的要旨了。

首先看“正名”，孔子主张社会角色的命名应当标准化。当孔子说没有比父亲是父亲、统治者是统治者更重要的了，他是在说当我们在用这些语言的时候，要建立在明确“父亲”“统治者”的意义的基础上。“父亲”不仅是有孩子的男人，而且要爱他的孩子。同样，“统治者”“朋友”“教师”或者任何其他社会角色都是如此。

关于“中庸”，它是指在不切实际的极端之间的中间道路。以“凡事不可过度”为行为准则，与之最接近的西方版本就是亚里士多德的黄金中道（Golden Mean）。尊重中庸可以带来和谐与平衡，它鼓励和解，不主张狂热。

五伦构成了社会生活的基础，在儒家系统里它指父子、夫妇、兄弟、朋友和君臣。这些关键的关系被正确地制定，对社会的健康至关重要。其中没有一项是可以转移的；在每一个关系中，两个当事人对彼此不同的回应要恰当。父母亲要慈爱，孩子们要孝顺；做兄长的要和气，做弟弟的要尊重；年长的要周到，年幼的要谦恭；统治者要仁爱，臣下要忠

《牧牛图》 南宋李椿

诚。在五伦之中有三项是关于家庭内部的，由此看出孔子是多么重视家庭制度。在一个家庭中，孩子对父母的尊重是关键，也就是所谓的孝道。“子女对他们父母的责任是一切德行的源泉。”

对长辈的照顾不只限于对自己的父母，也要推及至一般的年长者，这两点是联结在一起的。在纯粹功利主义的基础上，年轻者照顾年老者的社会是好的，因为过不了多久，年轻人自己也会变老，也需要被照顾。但是孔子也认为年老者之所以值得尊重，也是由于他们的内在价值。岁月不仅给他们带来智慧的成熟，还带来精神的完美。如果把这两点利用好，一个人年纪越大得到的照顾就越多，也越受重视。随着时间的流逝，在某种程度上人们对于变老的恐惧就会被抵消了。

在正名、中庸、五伦、家庭和尊长中，我们就可以看到礼在其第一个意思上的重要性和独特性。它是规矩，或者说它规定了什么行为是正确的。这个字的另一个意思就是礼仪，它把正确的行为（在什么是该做的这个意思上）变为仪式。或者应该说，它把第二个意思注入了第一个意思，因为当把正确的行为详列到儒家的规矩上时，人的整个生命变成了一种精心设计的神圣的舞蹈。它的基本步伐已经被设计好，成为每一次行动的模式。

四、德。德的字面意思是权力，尤其是指统治人的力量。不过这个权力的本质是什么？我们已经知道孔子不接受现实主义者把它定义为野蛮武力的主张。他是怎么认为的？

孔子认为，没有哪个政权能够永远束缚住它的人民，甚至连大部分时期内控制任何一个大派系的人都是不可能的。统治者需要自发地与他的子民合作，只有当人民感受到他们的统治者有益于他们的时候，这种合作才成为可能。为了促进这种合作，统治者必须是有能力且诚心诚意地致力于大众福利，并且具有令人尊敬的品德的人。因此，真正的德乃是道德典范的力量。在最后的分析中，善通过人民尊重和敬仰的统治者得以根植于社会。万事的关键都在于一国之君身上。如果他是诡诈、无用之人，社会就没有希望。相反地，如果他是一位真正的“人民拥戴的君王”，他的法令都出于他的善，这样的人就会吸引一批“不可收买的支持者”。他们对公众福利的全心投入，会唤醒地区领袖的良心，从而自上而下地激励一般的公民。“为政以德，譬如北辰，居其所，而众星拱之。”（以道德教化来治理政府，就会像北极星那样，它居于它的位置上，而所有的星都环绕着它。）

五、文。相对于“战争的艺术”，这是指“和平的艺术”，指音乐、诗歌、艺术，以及文化在其审美与精神模式的总和。

孔子十分重视艺术，但并不是因为艺术本身吸引着他，而是敬仰艺术使人转向德行方向的力量。他说：“诗歌，可以激发情志，可以观察社会，可以交往朋友，可以抒发不平。它可以让人清楚明白侍奉父母和君王的责任。”（“诗，可以兴，可以观，可以群，可以怨。迩之事父，远之事君。”）

孔子对“文”的解释包括其政治层面。国际关系中成功的因素是什么？最终胜利属于发展了最高文明（拥有最典雅的艺术、最高贵的哲学、最伟大的诗歌）的国家，因为最终正是这些东西能够引起各地男女自发的仰慕。

孔子的方案

让我们假定，孔子所要塑造的有意的传统已经实现，对于一个身处其中的中国人，生活会是怎样的呢？作为一个永无止境的自我修养的方案，它会指导人们向着成为更完美的人的目标前行。在孔子的计划中，善男信女们是永远都想要努力变得更好的。这一方案不能在真空中实施，他们可不是隐居到山洞里，去寻求内在之神的瑜伽行者。正好相反，一个从事自我修养的儒家弟子，应该将自己置身于不断变换、永无休止的现代人际关系中，并且不期望其他事情。对孔子来说，孤离中的圣性是没有意义的。离开人际关系根本就没有自我，自我是人际关系的中心。它是通过与他人的相互作用构成，并且通过它的社会角色之总和来定义的。

这种自我的概念与西方个人主义非常不同，我们需要用整段的文字来加以阐释。孔子把人的自我看作是一个交结点，而不是一个实体，它是一个生命贯通的交汇点。它在这一点上像一株海葵，只不过是一张网而已。潮汐和洋流冲刷过后留下的沉积物组成了这种植物所拥有的少量物质。用这个比喻虽然相当精确，但也太过消极了。如果我们把海流改成鹰击长空中的气流，老鹰用它翅膀的倾斜度来控制它飞行的高度，这就能更好地说明这个意思了。我们的人生也大致如此，而人际关系是我们奋力前进中的大气，其中最基础的是五伦。孔子的方案是要掌握调节我们翅膀的技术，使人上升到那难以估量、却堪称完美的高度。或者，如孔子所说，指向成为更完全的人的目标。在这样的类比中，孔子的五伦所展示的是相对稳定的气流条件，从另一方面来说，有时这种气流可能波动得很厉害。我们看到所有的五项关系都是不对称的，在每组人中，对某个人适当的行为与对另一个人并不相同。这种不对称预设了角色的差别性，并且详尽地列明了细节。

此处关键的问题是，孔子所倡议的细节是否影响到关系的建立，而在每一组关系中把一个人的位置定位于另一人之上？在某种意义上，它们的确如此。对于孔子来说，所有的关系都是再正常不过的：小孩子应该孝敬父母，妻子应该敬重丈夫，臣民应该尊敬统治者，年轻人应该尊重年长者。这一切都是很自然的，因为后者通常是比较年长、经验丰富，而提供了自然的角色模范。但是，这正是翅膀倾斜必须正确调节之处，因为毫厘之差就可能使孔子的方案难以实施。在每一组人际关系中，最危险的是“居上”的那一方，他可能错误地假定在“上”位的人拥有固有的特权，而不必辛苦去获得。孔子的主张则相反，他认为这种特权并非理所当然的。丈夫是否应该从妻子那里得到忠贞要看这个丈夫是否值得（本能地激发）那样的忠贞。其他四种关系也可以此类推。例如，在君臣关系中，统治者想要拥有天命（他统治的权力），只有他真正地关心人民的福祉，治理好这个国家才行。在西方把神权和王权分开的2 000年前，孔子及其追随者早就把革命的权利建构在他们的政治哲学中。“天视自我民视，天听自我民听。”（人民看见的正是上

祭器

孔子强调正确的社会关系，把日常生活置于人们精神性的中心。

置于户外的小神龛。

天所看见的，人民的愿望就是上天的愿望。）

我们以老鹰通过调整翅膀以适应气流而不断上升的形象来隐喻孔子的方案——五伦。如果我们要把这种隐喻应用到底，这里要提升的是什么？我们发现答案已经在前文中提到了，要成为君子，一个充分实现自身价值的人，可以通过不断地去扩展个人的同情心来实现。这种扩展以同心圆的形状散开，从自己开始扩散出去，包括家庭、社区、国家，最后是整个人类。把个人关怀的中心从自己转移到家庭就超越了自私，从家庭到社区就超越了裙带关系，从社区转移到国家就克服了地方观念，而扩展到整个人类就抵制了军国主义。

这种扩大的过程是配合着深化的过程的，因为在向我们揭示之前，孔子已经把自我看成它的各种社会角色的总和，但是我们不应该把它看成一种没有主体的中心。孔子不断强调、呼吁自我审查和内省，这表明他不仅认识到自我的内在方面，而且认为它是重要的。孔子的方案乃是内外合一的。随着同情心的扩展，人的内在世界深化了，也更丰富了。

池塘中的荷花

象征着孔子充分实现人性的社群理念。

伦理或是宗教？

儒家是一种宗教，还是一种伦理呢？它当然是以一种伦理的角度来探讨生命的，但从内涵来看，它并没有把自己排除在宗教之外。到目前为止，我们只谈到了孔子的社会关怀，这一方面确实是其思想核心所在，但是却并未尽述他的观点。

要想理解儒家思想的超越层面，我们需要把它置放在孔子所生活的古代中国宗教背景下。这一观点把世界分为天和地，虽然有天壤之别，但是天、地还是紧紧地连接在一起。这两个名词不单是指地方，同时也指居住在那些地方的人们。因此，构成天的乃是最高的祖先（上帝）统治者的祖先们（帝）；构成地的乃是现世的居民。这个整体是一个没有间断的过程，其中死亡的意义是转化、上升到更荣耀的境界。这两个领域相互牵连又频繁地接触，祖先们庇佑着子孙，同时要依靠子孙们通过祭祀来提供他们的需要。这两个领域中，毫无疑问“天”更有力量、更威严，而且更重要。

因为其相互的依赖性，“天”和“地”需要保持沟通。“地”向“天”说话，最具体的一种方法就是祭祀。那个时代的中国人认为与他们去世的先人分享他们的财物，是适当而自然的，这些财物会随着祭祀火焰升起的烟雾而被带到天上。相应地，占卜是“天”回应的渠道，祖先通过占卜的方式作为回应——最重要的是祖先知道关于即将到来的未来的知识。祖先知道人民的整个过去，因此他们有算计未来的能力。但是他们已经不能再发声，因此他们就诉诸预示或预兆。有的预兆通过自然界的打雷、闪电、天体的移动或者鸟类的行为等表达出来。更直接的方式是通过让人眼皮跳动或耳鸣，警告他们那即将到来的危险。人们也可以积极主动地去找出上天的预兆，他们可以把蓍草茎抛在地上来观察其痕迹，也可以用热铁烙在龟壳上研究其裂纹。不管是什么情况——出行、战争、生产、婚嫁等，都要请求上天审慎而周全的预示。

在早期中国宗教中，与祖先的关联性、祭祀和占卜等特征中的任何一个的重点都在“天”，而不在“地”。我们要了解儒家作为宗教的整个层面，重点在于明了孔子把人民关怀从“天”转移到了“地”，而没有完全把“天”抛弃。

儒家这种转移的观点很容易找到文献证明。在孔子的时代，人们有一个激烈争论的话题：哪一个应该优先，是地上人的诉求还是祖先神灵的需求？他的回答是，虽然神灵的需求不可忽略，但是人民的需求应该为先。我们知道孔子一般“不谈鬼神”。他说：“知道就是知道，不知道就是不知道。”（“知之为知之，不知为不知。”）他说：“多听，对于有点怀疑的放在一边，对于其余的要谨慎小心地说话。多看，对于意思不清楚的就放在一边，对于其余的也要谨慎地行动。”（“多闻阙疑，慎言其余；多见阙殆，慎行其余。”）当被问到有关彼岸的事情时，孔子就会把重点拉回到人身上来。被问到侍奉鬼神之事时，他回答：“你都还不能侍奉人，怎么能够侍奉鬼神呢？”（“未能事人，焉能事鬼？”）被问到生死之事时，他回答：“你连生都还不了解，怎么能了解死呢？”（“未知生，焉知死？”）总而言之，一次只一个世界。

孔子强调此世，我们可以从他把重点从祖先崇拜转变到孝道上看出来。在古代中国，死人的确是被崇拜的。孔子没有打破祭祀祖先的仪式。他不否认死者灵魂的存在，相反，他劝导人对待他们要“犹如他们真的存在一样”（“祭如在”），尽管他所看重的是家庭生活

《清明上河图》（局部）明代仇英

中的责任。

总之，孔子虽然对超自然持保留态度，但是他并没有否认它的存在。他认为在宇宙中的某个地方的确有一种向善的力量。由此，正义的扩展是一项宇宙的要求，“天意”乃是君子推崇的首要事务。孔子相信有一种天意支持着他的使命。“上天指派我来教导，在我没有完成之前，你们这些人能把我怎样？”（“天之未丧斯文也，匡人其如予何？”）感到被人民所忽视，他用这样的想法来安慰自己：“天，知道我！”（“知我者，其天乎？”）一直以来，广为引述的宗教谚语也出自他的笔下：“冒犯神的人，就没有什么地方可以去祷告的。”（“获罪于天，无所祷也。”）

成为完全的人的目标要超越利己主义、裙带关系、地方观念、种族主义及军国主义，现在我们也要加上一项，超越孤立自足的人文主义。完整的表述是人性造立了“与天地万物合为一体”。

万里长城

孔子强化了中国社会的效用性特点，才能使类似于修筑长城这样的成就成为可能。

对中国的影响

2 000多年来，孔子的教导深刻地影响了世界上四分之一的人口。其发展可说是一个成功的故事，令人难以置信的是，孔子那平凡的事业造就了一个成为中国统治精英的学者阶层，而孔子本人也上升为中国历史上最重要的人物之一。公元前130年，儒家经典被定为政府官吏学习的基本科目，这种模式一直延续到清王朝的崩溃为止。在汉代，儒家事实上成为了中国的国教；公元59年，所有城市学校都被指令要祭拜孔子；在公元7、8世纪，帝国的每个县都建立了孔庙，里面摆放着他及其追随者的神龛。中国著名的文官考试制度，其中心就是儒家的典籍。如果我们把这2 000年来受其影响的人全部加起来的话，从数量上看，这是令人印象最深刻的人类所设计的社会制度了。

我们很难说孔子为这种制度作出了怎样的贡献，因为儒家的价值观与中国人民的一般价值观，在时间的长河中已经混合在一起，很难将两者分开了。因此，我们在此处要指出的，是集中在孔子和他的门徒们所加强的而非他们所创造的那些中国人性格的特征。我们所提到的那些特征差不多可以说适用于整个东亚，因为日本、韩国以及大部分东南亚国家和地区都有意地输入了儒家的伦理。

我们先从中国的社会重点开始——它最关心社会问题、伦理问题和政治问题。历史学家推测，这可能源于中国早期一方面需要大的灌溉工程，另一方面又需要巨大的堤防来围堵汹涌的河川之故。无论如何，社会的实用性已经是一项事实，从而，当有需要时，它可以大规模地完成很多事物。影响有好有坏，它助长了独裁者的暴政，但是也同样取得了很多成就。在20世纪的第三阶段，面对人口问题，中国生殖率在十年间减少了一半。从1949年到1979年的30年间，饥荒、水灾和传染病似乎不复存在了。正如1980年9月的《科学美国人》(*Scientific American*)杂志中指出的："这是历史上一桩伟大的事件。"

直接与本书主题有关的是中国人调和其宗教的方式。印度教以及西方宗教即使不是竞争性的，也是排他性的，但是中国人却分开看待这些特点，并以满足每个人需求的方式配置其宗教。每一个中国人在伦理和公众生活上是儒家，在个人生活和健康上是道家，而在死亡的时候是佛家，一路上还加入一些健康的萨满教等民间宗教。正如有人曾经这样说："每一个中国人都戴着一顶儒家的帽子，穿着道家的袍子以及佛家的草鞋。"在日本，这个混合体中则加上了神道教。

20世纪六七十年代的养殖情景。

在中国，家庭的重要性无须赘述。某些汉学家认为，如果把祖先崇拜和孝道包括进去，家庭则成为中国人真正的宗教。在中国，姓放在前面，然后才是名。中国的大家庭一直延续到了20世纪，需要有115种不同的关系的称谓（比如叔伯、婶姨等词汇）来说明这些复杂的关系。过于复杂的家庭关系使人窒息，但也带来不少好处。大家想想当地的低犯罪率——日本的失窃率只有美国的百分之一，以及东亚移民到其他地区让人印象深刻的记录。

汉字“寿”，意思是长寿、长命。

在孔子的五伦关系中，有三项对年长一方有所偏向，这使得东亚人对年长者的尊敬提高到几近崇敬的地步。面对身体衰老的必然性，中国创造出支持鼓励精神的社会组织。我们注意到，每过去一年，你就能从家庭和朋友那里得到更多的关怀、倾听和尊敬的态度。

孔子的中庸之道表现在中国人偏爱协商、调停，“中间人”的传统依然继续。这些与客观的律法是相左的。直到最近，诉诸法律依然被认为是一种耻辱，是一种无法通过妥善协商来解决问题的表现。与他们的人口相比，日本的律师数目与美国相比是 1：24。

孔子还主张“文”：他的信念是，“学”与“艺”不单是表面的装饰，而是改造社会和人心的力量。中国把学者和官僚置放在社会阶层的顶端，而把军人放在最底层。这种尝试在各地都取得过成果。在中国曾经有过文艺鼎盛的黄金时期，在同时代没有任何文明可与之媲美，从而成就了高深的学问：令人立即想到的是书法、宋代山水画与养生的太极拳。中国很早之前就发明了纸；在古腾堡（Gutenberg）之前 400 年，活字版印刷术就被发明出来了。还曾经有过伟大的诗篇，精妙的画卷，以及被人们认为举世无双的瓷器。

正如孔子预料的那样，这些文化成就也带来了政治回报，使得中国人拥有了一种同化的力量，在其巅峰时期无出其右者。在一切伟大的文明中，中国有最开放的边界线，中国也曾遭受到驰骋的野蛮人的入侵。打到门口来的有鞑靼人，其长途的攻击曾经对罗马帝国造成了致命的打击。但是中国对那些抵挡不住的事物，就将之吸收进来。每波入侵者往往通过自发地吸收而丧失其自身的认同。他们敬仰并喜爱上了他们所见到的。

魔法并没有永远持续下去。在 15 世纪之前，世界上还没有可与中国文明匹敌的对手。但是随后，中国开始了闭关锁国，西方利用其优越的军事技术把中国人的命运从其手中夺走，之后的两个世纪，中国不再是独一无二的了。在西方挑起战端、强迫输入鸦片以及随后把中国瓜分成为欧洲势力范围的背景下，去讨论儒家是没有意义的。

要了解儒家持久而深远的影响，我们不能只看政治，而应该看看 20 世纪后期东亚经济的奇迹。日本、韩国和新加坡都被儒家的伦理所影响，儒家伦理在20世纪末构成了这些国家经济成长的动力中心，这有效地见证了科学技术和社会科学（我们用这个术语来形容孔子的“发明”）的结合会产生出什么样的结果。一项统计数据就提供了其之所以成功的答案。1982年日本工人平均只享受他们合法假期12天中的5.1天，因为（通过他们自己的计算）“请长假会给同事增加负担”。东方人的礼貌是知名的，请看下面的报道：“在京都混乱的交通中，两辆车的保险杠互相刮到了。两个司机都跳了出来。两个人都鞠着躬，拼命地道歉说自己太不小心。”

这些是孔子精神的回响，不过人们必然会想到在西化的世界里，这种宗教的未来是什么？

没有人知道答案。

也许我们现在看到的是一种行将消失的生活方式。如果是这样的话，那么用孔子在弥留之际，在泰山之巅留下的喟叹来结束这一章吧。他说：

> “泰山倒，豆荚破，圣人逝也。”

另一方面，先知的影响比政治家更长久。甘地（Gandhi）的影响比尼赫鲁（Nehru）更长久，而儒家思想又回归到了中国公立学校。

中国广西桂林的独秀峰。

第五章

道　家

有物混成，先天地生。
寂兮寥兮，独立而不改，
周行而不殆，
可以为天下母。
吾不知其名，字之曰“道”。

装饰有道教形象的铜镜。

老子

没有哪种文明是单色的。在中国，儒家的古典音调，不仅被佛教的精神荫庇，同时也被道家的浪漫色彩所平衡了。

按照传统的说法，道家是由一位名叫老子的人所创立的，他出生于公元前604年。关于他，我们没有任何确实的资料，只有各种传说拼凑出来的印象。有些传说简直是异想天开的，而有些还算合乎情理，比如说，他在中国西部家乡的邦国中做一名管理档案的小吏，工作之余过着一种简单而谦逊的生活。唯一可查的就是孔子对他的描绘。孔子听说了老子的种种传闻，就去拜访他。这位奇特的人使孔子觉得非常困惑而又充满敬意。孔子把老子比作龙——高深莫测，比生命更广博、更神秘。

传说中对老子的描绘是：由于人们不理会他提倡要培养自然之德，

赵孟頫的马和骑者图。

忧伤之余，在晚年为了寻求更彻底的孤独，他骑上一头水牛，朝西方，也就是现在的西藏方向而去。在函谷关有一名守卫试图劝说他回头，但没有成功，他请求老子至少留下他信仰的记录给这个他即将离弃的文明。老子答应了他的请求。他告退了三日，再出现的时候写下了一部约五千字的小书，名之曰《道德经》。这是一份对人类应如何在宇宙中自处的见证，可以在半小时内就读完，也可以读上一辈子。到如今，这本书仍然是道教思想的基本典籍。

然而，无论这个故事是真是假，却因它十分忠于道家的态度，而将永远成为道教的一部分。有些学者并不认为《道德经》是由一个人完成的，也不认为在公元前 3 世纪下半叶之前，该书已经成为我们目前所看到的样子。无论如何，他们承认书中的观念是一致的，因此我们必须假定该书是在“某一个人”的影响下成形的，并且不反对称那人为老子。

艺术家文徵明的风景画。

道的三种意义

打开道教经典《道德经》，我们立刻感受到一切都围绕着“道”这个中心概念。它的字面意思是道路，而这条“道路”可以分成三种意义来理解。

首先，道是终极真实之路。这个“道”无法被觉察，甚至无法被清楚地设想，因为对于人的理智来说，它广大无边而难以揣度。它是后来出现的一切的基础。一切之上，一切之后，一切之下，乃是生命之源，因为万物由它而来，最终也归之于它。

道虽然在终极上是超越的，但同时也是内在的。在第二种意义上，它是宇宙的道，一切自然中的秩序、韵律和原动力。从根本上说，它是精神而不是物质，它无穷无尽。人们越是去吸取它，它就越会源源不断地流出。它有某种必然性的标志，因为当秋天来了，“没有树叶会因为它的美丽而不落下，没有鲜花会因为它的芳香而不凋谢”。然而，它终究是仁慈的，赋予万物以生命，可以称它为“万物之母”。

在第三种意义上，当道与上述的宇宙之道紧密结合的时候，它是指人类生命的道。本章后面的部分，会详细说明道家提出的这种生命之道到底是什么。然而，首先必须指出的是，中国不是只有一种而是有三种道家。

数个世纪以来，这样的景象一直激发着中国画家们的灵感。

三种道家思想

《道德经》，道家的基本经典，曾经被翻译成 *The Way and Its Power*（《道及其力量》）。我们已经谈过书名中的第一个字“道”可以理解为三种意义。现在我们要指出第二个字“德”（力量）也有三种意义。对应三种追求德或力量的途径，在中国产生了三种道家，它们极为不同，就像 blew（吹）和 blue（蓝色），sun（太阳）和 son（儿子）一样，似乎只是发音相同而意思完全不同。我们会发现事实并非如此，不过首先必须清楚区分这三种道家。其中两种有标准的名称，分别是哲学的道家和宗教（或流行、受欢迎）的道家（道教）。第三个派别（我们叙述的顺序上是第二位）是如此异质而很难给它命名。然而，这一派的人通过一项共同的目标而被认定为一个群体。他们都想要学习增强活力的课程，想要借此使道的力量（德）在流经人体时产生更大的作用。

有效的力量：哲学的道家

与宗教的道家已经羽翼丰满不同，哲学的道家和我们称之为“有活力的道家”（我们所指的第二种）是一直没有什么组织的。哲学的道家是反思性的，而有活力的道家是活跃的，但是这两者的组织都是不完善的。它们有一个相似之处，都是自助性的。在这两种道家的修炼中，可以让师父来帮忙，但最好把他当成训练学生的教练。在哲学的道家中，师父致力于在学生应该理解的范围内来给予指导；在有活力的道家中，师父则致力于就学生应该进行的实践来给予指导。相较于宗教的道家，这两种道家所做的事情主要是为了完善自己。

至于这两个派别的不同，主要在于各自对滋养生命的道之力量，采取的立场是不同的。哲学的道家试图以有效的使用方式来保存他们的德，而有活力的道家则努力增加其有效的供应。

上海姑娘在练习道家的养生操。

因为哲学的道家主要体现的是一种对生命的态度，它对广大世界最有发言权，因此将以最长的篇幅描述它。但要到本节的后半部分才开始介绍它。此处只是指出其逻辑上的地位，而要先从其他两种道家说起。

上海幼儿园的孩子们。

在中国，哲学的道家被称为道家，跟老子、庄子和《道德经》等名字相关。培根说过“知识就是力量”，我们可以通过哲学追求知识与力量联结在一起。道家寻求的知识是增强生命力量的知识，我们称之为智慧，并且道家的哲学家主张聪明地生活，也就是以保存生命活力的方式生活，不要在无益的、耗损精力的方式上浪费生命活力。因此首先要避免的就是人与人之间的摩擦和冲突。我们将在本章的后半部分中省察老子和庄子的主张，但在这里可以先介绍一下两者的一种共识。他们的思想核心是“无为”，这个词语的字面意思是没有作为，而在道家则是指纯粹的有效性。在“无为”的模式下，行动中的摩擦（在人际关系、心理冲突以及人与自然的关系中）被降到最低限度。

现在我们接着介绍有活力的道家。

扩大的力量：道家养生和瑜伽

道家的“熟手”，我们称之为第二种道家的实践者，因为他们所有人都致力于某种训练课程，其中有许多训练是很严格的。他们不愿认同哲学家给道分配的有效管理目标。他们想要超越保守来增加“道”的分配，尤其是增加他们能够掌控的“道”的分配。

“气”这个字为第二种道家提供了更恰当的入门理由，它的字面意思是气息，但是事实上它是指活力。道家用这个字来指代他们通过实践而经验到的，那贯通在体内的，或者由于被阻塞而不能贯通的“道”的力量。他们的主要目标是排除阻塞气流通的障碍。气令这些道家着迷。威廉·布莱克（William Blake）在考察的时候精确地记下了他们的这种感觉：“力量是喜乐！”因为力是生命的力量，而道家是热爱生命的。活着是好的，多活一点就更好，而能够长久地活着最好。因此就有了道教中追求长生不老的宗派。

为了达到把气最大化的目标，道家主要处理了三样东西：物质、运动和心灵。

关于“物质”，他们尝试用吃东西（几乎是无所不吃）的方法，试图了解是否能够以增加营养的方式使“气”增强。他们发展出了一套完善的草药药典。但是道家并不满足于此。他们继续寻找长生不老的方法。在性方面的实验上，为了保存“气”，他们保持不泄精，采阴补阳。并且，为了通过呼吸从自然环境中吸收“气”，他们进行呼吸的练习。

除了从固体、液体和气体形式的物质中提取“气”的各种努力之外，他们还加强身体运动练习（例如打太极拳，是为了从宇宙中吸取气，并且去除体内的阻塞，好让气在内部流通。后者也是针灸的目的）。

最后来谈心灵，一些沉思默想的人发展出了道家的冥想。这第三种增加气的方法是最精妙的，因此也需要最长时间的训练。

活跃的冥想或瑜伽道家都是沉迷于内在自我而不是外在自我。早期的人们并没有对这两种自我的存在形式加以区分。随着中国人自我意识的提高，主观经验的全面展现，瑜伽的或冥想的道教应运而生。新颖、刺激而意义重大，这两个内在自我的世界吸引着人们去探究。先辈们似乎感到它如此强大的吸引力，以至于物质与之相比显得微不足道，因为它只不过是皮毛和积淀而已。直接看到个人意识的本来面目是一种重要的经验，因为看到的是“自我的本来面目”，个体不仅能见到“被觉察的事物”，也能见到“我们得以觉察之凭借”。

正是为了达到这种纯净的觉知，道家瑜伽者才会冥想。他们所强调的身体姿势和专注力与印度的王瑜伽有着异曲同工之妙，但他们还进行了更有特色的解构。他们对社会保持关注，认为当躁动不安且杂乱散漫的心灵得到净化后，应将通过冥想所积累的气转化为增强社会活力的能量，来调和社会事务。由此获得并重新引导的这种力量是非凡无比的，事实上“可以移动天地”。在这种完全“静止”和沉默的状态下，人的心灵将无比自在，与“道”相合。“清静，为天下正。”无须动一根手指，统治者善用“清净”就能以其神秘的、道德的力量使天下臣服。但如果统治者没有意识到这一点，他的国民就会自发地以无序的方式来行事。

> “是以圣人后其身而身先，外其身而身存。非以其无私邪？故能成其私。”

把身体放在道的后面，身体反而活得长久；把身体放在心外面，把道放在心里面，身体反而健康地存在。难道不是因为他不求任何的个人目的？因此，他所有的个人目的都满足了。

道家瑜伽行者知道大众无法理解这些内容。儒家嘲笑他们，把直接寻求心灵捷径来达到社会和谐的人，比喻成不耐烦的农夫，每天晚上拔苗助长。那些本应该理解这些内容的人，例如同属道家的神秘主义者庄子，也取笑他们的呼吸练习，说这些人“用力吐出用过的空气而吸进新

中国道家的养生运动，老人们都是从练习太极拳开始，而小孩子则练习更加有活力的技艺。

鲜的空气。像熊一样，他们爬上树是为了能更轻松地呼吸”。尽管受到这样的嘲笑，但是道家瑜伽仍然有一批忠实的追随者。有些汉学家认为《道德经》是根据道家的基本看法写成的。如果诚如其所言，道家瑜伽就是该书隐晦语言的见证，因为《道德经》通常是以我们将谈到的哲学方式来阅读的。不过，在我们转向此一路线之前，我们必须介绍第三种道家，那就是宗教的道家，即道教。

替代性的力量：宗教的道家

哲学道家寻求有效地管理“道”，以便给生命正常的配额；活力道家则寻求增加其基本供应，不过这里似乎缺少一样东西。反省和健康修炼都需要时间，而一般中国人都缺乏这种便利。可是他们也需要帮助，要诊治流行病，要对付掠夺的鬼魂，在降水量极少或极多的情况下要去求雨或者止雨。道家对这一类问题有解决方案。他们的许多做法类似自由占卜者、通灵的人、萨满教巫师、灵疗师与预言家等天生具有某种力量的人。道家在公元 2 世纪通过建立道观的方式把这类活动制度化。道观供奉的神灵包括老子和另外两位神祇（所谓“三清”）。圣典就是从这些神人衍生出来，其真实性毫无保留地被接受了。道教的天师继承在中国台湾地区一直延续至今。

道教的大部分内容像是原始粗糙的迷信。不过，我们对于力是什么，它如何运作，或者使用什么方法（和使用的程度）来将之加以扩充，似乎一无所知。无论如何，它的意图是很清楚的。正如一位历史学家所说，“道士把宇宙的生命力提供给一般平常的村民来使用”。

他们使用的经文充满着对仪式的描写，如果正确执行的话，会产生魔法般的效果，此处“魔法”这个词是了解道教的钥匙。不过，这个词含有言外之意：它用方法制造假象。而在传统上魔法是有较高的价值的。它是一种较高的、超自然的力量，往往用之于可见的世界。彼得医治以尼雅（Aeneas）的事件（《使徒行传》第 9 章第 32-34 节）给了我们一个西方的例子。

彼得周游四方的时候，也去探访了居住在吕底亚的圣徒们。在那里彼得遇见一个名叫以尼雅的人，他身体瘫痪，已经卧病在床八年了。彼

道教对疾病的治疗仪式。

保安宫寺庙中央的祭坛。

得就对他说："以尼雅，耶稣基督医好了你，站起来把床铺好！"他就立刻站起身了。

注意这不是一个奇迹。如果是基督给予瘫痪的以尼雅力量，使他在没有彼得的帮助下就能从床上爬起来，这才算是奇迹。而事实上，彼得在治疗中的确扮演了一个角色，我们可以假定是一个必不可少的角色。我们所面对的是魔法。它的发生是出于神圣的魔法，就犹如为了邪恶的目的把魔鬼招引了来，不过那是巫术（sorcery）在作怪罢了。正如上述传统所构想的那样，在魔法规程下，道教设法驾驭强大的力量为人所用，而与自由魔法师、驱魔师、萨满教巫师分享着地盘。

力量的混合

哲学的道家、活力的道家以及道教，这三种道家初看似乎毫无共通之处，实际上却是相互联系并具有相似性的。三者都有同样的关注，即如何在最大限度之下扩充那有活力的德。它们所关注的细节恰好构成一个连续统一体。这个连续性开始于如何把生命正常配额的气用于最佳效果的兴趣（哲学的道家）。接下来是，那正常的配额是否得以增加（活力的道家）。最后，它问宇宙能量是否能够聚集，就像通过聚光镜那样，转移给需要帮助而不能自足的人（宗教的道家）。

这样讨论有一点危险，似乎为了厘清概念而将这三者之间的界线划得过于分明了。事实上，并没有实质的墙把它们分隔开，最好把三者当作是同一条河的水流。纵观历史，任何一派与其他两派都有互动，直到如今中国台湾和香港的道家还是如此。很少甚至从未遇到一位道家不是某程度上涉及全部三派的。

现在该是回到哲学的道家而给予它应有的介绍的时候了。

冷枚所画的训练师和充满力量的马之间的互动表明了优先于道教所有形式的无为原则。

创造性的静

哲学的道家的目的是要使个人的日常生活与道一致，在驾驭无边的潮流的基础上，欣然享受其流动。要做到这一点，基本方法如我们之前所指出的，是要实行一种无为的生活。我们已经明白，无为不应该理解成“什么都不做”或“不行动”，因为这些字眼暗示了一种懒惰或弃绝的空洞态度。比较好的解读是“纯粹的有效性和创造性的静”。

创造性的静是在一个人身上结合了两种似乎不相容的情况——无尽的活力和无比的放松。它们得以共存，是因为人类不是自我封闭的实体，他们通过潜在的心灵驶向那支撑他们的无穷的道的海洋。创造的方法之一，是追随有意识的心灵的刻意安排。这种冲击更像是归类和安排，而不是灵感的触发。真正的创造是由于潜在自我的更丰富资源被触发出来。不过为了达到真正的创造，潜在自我需要与表层自我作某种分离。意识心必须解放出来，不能被束缚在它自己的光圈下。

无为是无上的行为，是发自我们内心的值得珍视的简单、柔和和自由，而我们个人的自我和有意识的努力，让位于一种非出于自己的力量。我们如何描述从直接建基在道之上的生命中流出的活力呢？由于无限微妙、无限精致的力量（“道”）的滋养，生命是一种完美的优雅，因为它是无须间断或较少暴力的一种活力。我们只需任由道流入又流出，直到整个生命变成一种既无焦躁又无失衡的舞蹈。无为是超越无度和紧张的生活。

“持而盈之，不如其已；揣而锐之，不可常保。”

执持盈满，不如适时停止；显露锋芒，锐势难以保持长久。

不过，它不仅是活动的，还展现出一种纯粹的有效性，没有活动浪费在争吵或外表的炫耀上。

《道德经》的作者老子的画像。

“善行，无辙迹；善言，无瑕谪；善数，不用筹策。”

善于行走的，不会留下痕迹；长于言谈的，没有任何瑕疵；善于计算的，不必借助于筹码。

这种程序的有效性显然需要超凡的技术，就像渔夫能够用一条线钓到大鱼，因为那条线制得非常精细，没有一处可能会断裂。但是道家的技术很少被人注意到，因为从外表看来无为似乎毫不费力——从来不强迫、从来不紧张。这是因为它在生命和自然中找出空间而在其中活动，类似文惠君的厨子（庖丁）的切肉刀从不失其锋利一样。当庖丁解牛的时候，“手伸出去，肩沉下来，站稳脚跟，用膝盖挤压上去，牛就在一声低呼之中被肢解了。”当被人追问他的秘诀时，他答道：“那牛的骨节有间隙，而刀刃很薄；用很薄的刀刃插入有间隙的骨节，宽宽绰绰地，那么刀刃的运转必然是有余地的啊！因此，19 年来，刀刃看上去还像刚从磨石刀上磨出来的一般锋利。”（“彼节者有间，而刀刃者无厚；以无厚入有间，恢恢乎其于游刃必有余地矣，是以十九年

而刀刃若新发于硎。"《庄子·养生主》)

在自然现象中，道家看到最似道的就是水。他们对水能毫不费力地承载物体印象深刻。水性不好的人对水又拍又打，而识水性的游泳者只是静静地漂在水上，把自己交托给水，水就会承载他们。再者，水虽然不显眼，但它的适应性极强，因此它总能自行适应环境而找出低洼的地方。水不仅具有适应性，还拥有一种制服坚硬的东西的力量。那柔和的水流把锐利的石头磨成石砾，冲走了我们称之为永恒的山陵。

无限地柔软，却又无可比拟地坚强，这些水的品质也同样是无为的品质。有人就是这样践行着"无为而无不为"(不妄为，就没有什么事情做不成的)。一个人没有压力地行动，没有争辩而能说服，没有炫耀地善辩，没有暴力或胁迫而能达成结果。"太上，下知有之……悠兮其贵言。功成事遂，百姓皆谓我自然。"(最好的统治者，人们知道他的存在……好的统治者很少说话，事情就做完了，人们会说："这是我们自己做的。"《道德经》第 17 章)

水的最后一项与无为相似的特征是，它能通过静止而达到清澈。"泥水任其自置而清澈。"(任由泥水放在那里，它自己就变清澈了。)

道曾经被称为水道。(右图)

道家的其他价值

道家反对一切形式的自我肯定和竞争，这点已经暗含在无为的概念中，但是它的本意已足够引起重视。《道德经》警告说："企者不立，跨者不行，自见者不明。"（用脚尖站立的人，反而站不稳；迈着大步向前的人，反而走不远；经常自我表现的人，反而没有名气。）并且补充说道，"兵强则反，木强则折。"（用兵逞强就会走向破灭，树木太强大了就会折断。）道家对谦卑近乎敬畏的态度使得他们尊重驼子和跛子，因为他们倾向于认为杯子、窗子和门的价值在于它们空的部分。"涣兮若冰之将释"（无私如融化的冰）是他们描述的情状之一。对于这一点，他们补充说，"感觉自己被刺穿的人曾经一定是个气泡"。自始至终，道家对世俗珍视的东西丝毫没有兴趣。为什么要竞争和武断？道家不需要那样做。

> "希言自然。故飘风不终朝，骤雨不终日。"
>
> 不言政令、不扰民是合乎自然的。狂风也刮不了一个上午，暴雨也下不了一整天。

这里提到的自然涉及道家的另外一个特点——深刻的自然主义。自然不能被过度开发和滥用，要物尽其用，不能超出人类应该使用的限度。道家寻求与自然和谐共处，而不是去征服它。

> "将欲取天下而为之，吾见其不得已。天下神器，不可为也。为

11 世纪中国画家郭熙的水墨画《秋日晴空》。

者败之，执者失之。”

那些想要占据大地，按照自己的意志来任意摆弄它的人，我看他永远也达不成目的。大地是神圣的存在，不可以任意摆弄。如果任意摆弄，必然失败；如果用强力控制，必然失去。

这种对待自然的生态立场深深影响了道家的艺术，它的建筑艺术就

赵雍的画

从道教的观点来看，善与恶是相对的价值，正如塞翁失马的故事一样。

体现了这一点。道家庙宇从来不会从它所处的环境中凸显出来。它们背依山丘，藏在树下，与四周的环境合为一体。当它们与周围环境和谐一致时，就处于最佳状态，人也是一样。中国艺术最伟大的时期与道家影响大行其道的时期一致并非偶然。在用笔墨之前，画家会走进自然中，忘却自我，化身为竹子等他们要画的对象。他们在画下一笔之前会坐上半天，或14年。指向中国风景画的词汇，包括山和水两个字，一个暗示广大和孤独，另外一个则暗含柔韧、持久和连续不断的活动。在广袤无垠中，人的部分是微小的，就算找得到，我们也要很细心地才能在画中找到人物。通常，他们或背着东西、骑着牛或撑着船，或背负着担子、攀爬着山坡，在美丽的风景中开始了他们的行程。

漆器盒子上的阴阳符号。

艺术上的自然主义表现了道家生活方式的自然性。所有的形式主义、炫耀以及仪式都不能打动他们，他们认为浮华和铺张完全是愚蠢的。相对地，简单甚至原始还更好些，因为大部分的文明是人工的。旅行被认为是无意义的，是无所事事的好奇心在作祟。当然，这些态度使得道家和儒家区分开来。从拘泥于形式或一丝不苟地遵守礼节中，又能得到什么呢？无非是涂漆似的社会表面，既肤浅又脆弱。道家认为生活可以被安排得井然有序的企图也是荒谬的，因为社会蓝图不能够超出“朝三暮四”的做法。什么是“朝三暮四”呢？在宋国，有一次，由于年成不好，迫使看管猴子的人减少猴子们的食物配额。他宣布："从现在开始，早晨是三个（橡子），晚上是四个（橡子）。(朝三而暮四)"面对猴子们不满的吼叫，看管的人同意谈判，最后接受猴子们的要求，改为早晨是四个晚上是三个。猴子们为它们的胜利而得意。(参见《庄子·齐物论》)

道家的另一项特征是它主张一切价值的相对性，以及作为其相关项的对立之统一。道家将这一点与中国传统的阴 / 阳符号（见第 193 页图示）结合在一起。符号中的阴阳两极总结了所有生命的基本对立性：日 / 夜、生 / 死、男 / 女等。每一对术语并非截然相反，它们彼此互补平衡。每一方都侵入到对方的半球内，长住在其伙伴领域中最深的隐藏处。最终，两者都发现自己被环绕着它们的圆圈所消融了，道就在共同永恒的整合之中。

正如这个符号表达的那样，道家避开一切尖锐的二分法。一切的价值和概念对那怀抱它们的心来说都是相对的。当鷽鸈（学鸠）和蝉（蜩）听说有鸟（鹏）可以连飞几百里而无须停息的时候，两者都说这是不可能的。它们点着头说："你我都十分清楚！就算尽最大努力，也只能飞到那边的榆树，尽管如此，我们还不一定每次都做得到。我们常常发现在没有达到之前就已被扯回到地上。这种一次能飞数百里的故事全都是无稽之谈。"(参见《庄子·逍遥游》)

在道家的观点看来，甚至善与恶都不是正相反的对立面，正如塞翁失马的故事。在听到农夫的马走失了的消息后，邻居对农夫表示同情，却听到他说："谁知道是好还是坏呀？"果然如此，第二天马回来了，还带回来一群野马。邻居又来了，向农夫表示祝贺。邻居得到了同样的回应："谁知道是好还是坏呀？"果然，第二天农夫的儿子想骑上其中的一匹野马，却从马上摔了下来，跌断了一条腿。邻居又表达了同情，听到农夫又一次回应："谁知道是好还是坏呀？"农夫的看法再次被证明是正确的，因为第二天士兵来强征民兵，儿子因为受伤而被免除兵役了。（参见《淮南子·人间篇》，塞翁失马的故事）

甚至在面对死亡的问题时，道家也能将之与对立统一原则联系起来，认为它是生命的自然补充。庄子的妻子去世的时候，他的一位朋友来看他并表示慰问，却看见庄子双脚张开坐在地上，有节奏地拍打着一只木碗大声唱歌（鼓盆而歌）。这位朋友很震惊地说："不管怎样，她全心全意地跟你一起生活了这么多年，把你的儿子养大成人，跟你一起变老。对着她的遗体你不掉一滴泪就已经不像话了，你竟然还敲着木碗唱歌，这太过分了！"

"你错了。当她死时，我当然也感觉到绝望。可是后来我意识到在出生之前她并没有身体，我就明白了令她出生的同样的变化过程，最后也令她死亡。我所失去的她，只是在天地之间的床上躺下来睡了一会儿。在我妻子睡觉的时候大哭大叫，犹如想否定自然的法则。"（参见《庄子·至乐篇》）

道家厌恶暴力而近于和平主义的立场是不足为奇的。"以道佐人主者，不以兵强天下……师之所处，荆棘生焉……战胜，以丧礼处之。"（依照道来辅佐君王的人，不靠武力而称强天下……军队进驻的地方，荆棘便长出来……即使战胜，我们也要以丧礼对待啊。）在中国，如果把学者安置在社会阶梯的最高层的是儒家，那么把士兵放在社会阶梯的最底层的就应该是道家了。"夫佳兵者……故有道者不处……天将救之，以慈卫之。"（兵器和军队是不祥的东西……因此有道的人是不会使用它的……上天以悲悯来武装那些它不愿看到被毁灭的人。）

10 世纪卷轴上的骑马人

孔子把传统的秩序和荣耀带到不安定的、无序的世界上。

战争是一件邪恶的事，而道家要针对生命中严肃的论题发言。然而，它却总是保持一种轻松得近乎快活的品质。这种观点有一种复杂性、一种文雅、一种可爱，而使得它有感染力。在奇闻轶事中最能说明这些，道家曾经使儒家成了陪衬。其中有一个故事说的是，道家的庄子和儒家的惠子一起散步，他们来到一座桥上，庄子感叹道："你看那鱼儿游来游去好不自在。鱼儿是多么快乐呀！"惠子争论道："你又不是鱼，你怎么知道鱼儿很快乐呢？"庄子说："你又不是我，你怎么知道我不知道鱼儿很快乐呢？"（参见《庄子·秋水篇》。把惠子归入儒家是存疑的。）

结论

如同阴阳本身彼此围绕一样，道家和儒家代表了中国人性格的固有两极。孔子代表着古典，老子代表着浪漫。孔子强调社会责任，老子推崇自发性和自然性。孔子聚焦于人，老子则关注超越人的事物。正如中国人自己说，孔子徘徊在社会之中，老子则漫游于人间之外。生命之中有些东西从这两方面伸展出去，中国文明如果缺少其中任何一方，都必定会贫乏许多。

有些书，人们在第一次读过之后就再也放不下了，因为它们在与读者最内在的“我”对话。对于指出道在我们内在的思想中无处不在而感到振奋的人来说，《道德经》就是这样的一部书。虽然明显一直没有人将其修炼到完美的程度，但是它简洁、豁达和智慧的训诫，却一直是千千万万中国人的欢愉指导。

> “有一个存在，美妙，完美；
>
> 它存在于天地之前。
>
> 它多么寂静啊！
>
> 多有灵性啊！
>
> 它独自而立而毫不变化。
>
> 它循环往复地运行而永远不会停止。
>
> 一切的生命从它那里来。
>
> 它以爱包容一切，如同裹在衣服里一样，不争取荣耀，不要求做主人。
>
> 我不知道他的名字，姑且称之为道。
>
> 我对它的力量深感欣喜。”

（原文与英译文有出入：有物混成，先天地生。寂兮寥兮，独立而不改，周行而不殆，可以为天下母。吾不知其名，字之曰“道”。）

第六章

伊斯兰教

有一种方法使所有东西变得光滑，
所到之处所有的锈迹都被抹去，
而涤净人心灵的是安拉。

有一种手段可以消除一切事情，
从而可以去除铁锈。
磨炼心灵的是真主的召唤。

壁画来自伊斯兰建筑师的杰作：印度泰姬陵。

背景

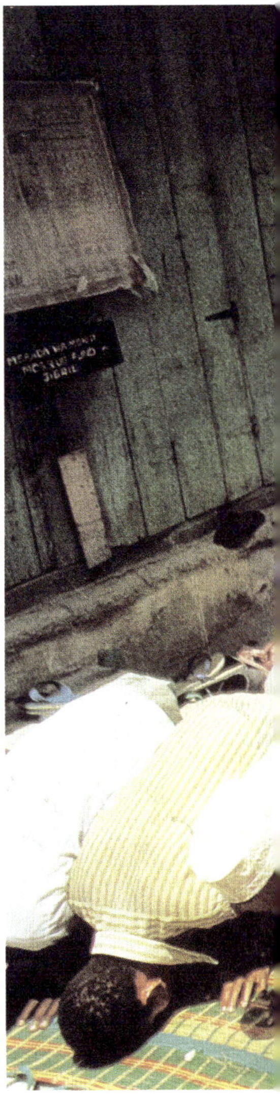

“伊斯兰”（Islam）这个词，是从 Salam 演变而来的，主要的意思是“和平”，不过还有“顺从”这第二层意思。因此它的全部含义是“当一个人把生命顺从了神时，和平就降临了。”信奉伊斯兰教的人就叫作穆斯林（Muslims）。

如果我们要问伊斯兰教是如何产生的，外人的回答往往会从穆罕默德时代在阿拉伯地区有影响的社会宗教的潮流中寻求答案，但穆斯林的回答就不同。在他们的眼里，伊斯兰教并非源自 6 世纪阿拉伯的穆罕默德，而是始于神。“起初，神……”《创世记》如此告诉我们。《古兰经》同意这一点。不同的是它用“安拉”（Allah）这个字，它不仅是一位神，而是唯一的神，即真主。

神创造了世界，之后就创造了人。创造的第一个人是亚当。亚当和夏娃的后代一直传到了诺亚，他生了一个儿子，名叫闪（Shem），这就是闪族（Semite）名字的由来。闪的后代传到亚伯拉罕（Abraham），他与撒拉（Sarah）结婚，撒拉没有儿子，于是亚伯拉罕娶了夏甲（Hagar）做他的第二任妻子。夏甲为他生了个儿子，叫以实玛利（Ishmael）。然而此时撒拉怀孕了，也生了个儿子，取名为以撒（Isaac）。接着撒拉就要求亚伯拉罕把夏甲和以实玛利赶出部族。此时，我们来到了

非洲桑给巴尔岛穆斯林礼拜者从拥挤的清真寺一直排到街道上的情景。

《古兰经》和《圣经》描述之间的第一分歧点。按照《古兰经》，以实玛利去了麦加，他的后代在阿拉伯地区繁衍生息，成了穆斯林。而以撒的后代留在巴勒斯坦，成了希伯来人，后来称之为犹太教徒。

先知的封印

顺着阿拉伯以实玛利这条线，我们直接从公元 6 世纪后半叶的穆罕默德谈起。穆斯林们相信，通过这位先知，伊斯兰教进入了其关键性的阶段。在他之前一直有神的真先知，不过他是众先知的最高代表，因此他被称为“封印先知”，在他之后再没有先知出现。

穆罕默德出生的世界，被后来的穆斯林用一个词来描述：无知。在沙漠条件下的生活从未安定过，物质上的匮乏使得强盗集团成为地区性的组织和男子气概的证明。然而，在 6 世纪，政治上的僵化以及首要城市麦加的行政长官的腐败，使混乱的情势更恶化了，当时盛行的宗教（一种泛灵论的多神教）没有任何解决办法。这种情况最容易郁积不满情绪，会突然间爆发纷争和流血事件，有的会持续半个世纪之久。时代在呼唤着救助者。

14 世纪土耳其的绘画
内容是婴儿时候的穆罕默德在母亲的怀抱里。

他出生于大约公元 570 年，祖先是麦加的一个望族古来氏（Koreish），取名为穆罕默德（Muhammad），意思是“受赞美的人”。在他很小的时候，父母双亡，他的叔父领养了他，并且慈爱地把他养大。神的天使们打开了穆罕默德的心，让它充满了光。传统上留给我们的关于穆罕默德性格的描述是：他心灵纯洁，深受周围人的爱戴，具有愉快、温和的气质。因为亲人的离世，使得他非常敏感地体会到了人世间的各种痛苦，所以他总是乐于助人，尤其是穷人和弱者。然而，与他同时代的人相比，他感到与世隔绝般的孤立。他的同时代人目无法纪地争斗，并且当时普遍存在伤风败俗和愤世嫉俗的现象，这些都在这位未来的先知内心中产生了一种沮丧和恐怖的反应。他的思想默默地转向了内心。

成年之后，他开始从事商旅行业，25岁时为一位名叫赫蒂彻（Khadija）的富有寡妇工作。他的审慎和正直给她留下了深刻印象，他们的关系逐渐亲密，接着产生了爱情。虽然她比他大了15岁，但他们还是结婚了，他们的结合在各方面都证明是快乐的。据说，“神，通过她来安慰他，因为她减轻了他的重担”。

经过婚后15年的预备，他才开始担任宗教职务。麦加城外有一座名叫希拉（Hira）的山，山中有一个山洞。穆罕默德喜欢寻求孤独，就常常去那里。他凝视着善恶的奥秘，当时视迷信、粗鲁和兄弟相残是正常行为的观念，是他不能接受的。“这伟大燃烧的心”，正在走向神。

沙漠灵怪（Jinn）与他的追求是毫不相干的，不过有一位神却不一样，他就是安拉。麦加人并未把安拉当作唯一的神来敬拜，但还是视他为一位令人印象深刻的神。通过常常是整个晚上的守夜，穆罕默德对安拉的真实性越来越明白、敬畏，安拉比他的国人所想象的要伟大得多。这个神，确实不只是一个神，甚至也不是诸神中最伟大的神。正如他的名字所指：他就是神，独一的一位，没有任何对手。很快从这个山洞里就传出了阿拉伯语言中最伟大的名言，那深沉、震撼的呼喊把一个民族

天使造访穆罕默德，鼓励他把他看到的真实诵读出来。

团结起来，令他们的力量爆发到所知世界的极限：万物非主，唯有真主（除了那唯一的真神外，没有其他的神明了）。

不过先知必须先要接受他的委任，时间是公元610年左右。在“定夺之夜”，那部书向一个预备好了的灵魂打开了。当穆罕默德躺在山洞里，有一位天使以人的形象来到他面前，对他说：“宣告！”穆罕默德抗议说：“我不是一个宣告者。”但是天使坚持说：“以你创造主之名宣告！自血块中创造了人。宣告：你主是最慷慨的，用笔来教导，教人所不知的。”（《古兰经》96:1-5）

从出神的状态中醒过来后，穆罕默德感觉他听到的那些话犹如烙印般铭刻在他的灵魂上。他十分惊恐地赶回家，告诉赫蒂彻说他要不就是变成了先知，要不就是发疯了。起初她抗拒这样的选择，但是在听了他的整个故事之后，她就成了他的第一位信徒。

这个声音一再重复着，发出的命令总是一样的，即“宣告”。穆罕默德的生命不再是他自己的了。从那时起，他的生命就交付给了神以及人类。在之后的 23 年里，他以毫不动摇的意志，宣扬着神要传播的话。有关启示的内容，将留在后面的章节介绍。此处我们只需谈到人们对启示的反应，而且注意到启示的吸引力完全是由宗教认知指导的人的理性。

在超自然主义盛行的时候，奇迹被当作最平常的圣人的交易来接受，但是穆罕默德拒绝去迎合人的轻信。他坚持说神并没有派他来制造奇迹。如果要寻找神迹，它们应该是神的而不是穆罕默德的。至于这些神迹，人们只需睁开眼睛看看自然的奇迹就够了。穆罕默德只主张一项奇迹，那就是《古兰经》本身。他整合并利用了自己所有的资源，制造出这样的真理——他不能只将其作为一项自然主义的假设来接受。

至于人们对他的教义的反应，一般（除了少数人）则是持极端的反抗态度。反抗的原因可以简化为三点：(1) 毫无妥协的一神论信仰威胁到多神的信仰，以及来到麦加朝拜 360 座神龛（阴历每一日一个神龛）的香客们提供的颇为可观的资金收入；(2) 他的道德教义要求公民终止其所贪恋的淫荡行为；(3) 他所倡导的社会挑战了一种不公正的秩序。

由于这样一种教义既不符合他们的口味，也不迎合他们的特权，麦加的领袖们下定决心除掉它。他们开始以嘲笑、侮辱来攻击它，但当这些行为被证明无效时，他们就转向威胁，然后就是公然的迫害。但这些都毫无效果，迫害磨炼了这位新先知和他的信徒们的意志。穆

穆罕默德被信徒簇拥着，向麦地那的人民宣道。

穆罕默德把克尔白的黑石奉为圣物。

罕默德本人为他们的忠贞树立了楷模。他继续全心全意地投入到他的宣教事业中，严令他的听众放弃邪恶的生活方式来为最后审判日做好准备。

起初情势对他非常不利，他只有少数的皈依者，经过三年的艰苦努力，皈依者还不到40位。不过他的敌人们却也无法永远阻止麦加人相信他的话。缓慢而稳定地，有精力、有才能和有身价的人开始被他话语中的真理所折服，直到十年之后，有几百个家庭都称他为神真正的代言人了。到了这个时候，麦加贵族才感到惊恐，他们下定决心要清除掉这些惹麻烦的人。

走向胜利的迁徙

在穆罕默德面临他生涯中最严重的危机时，突然间，位于麦加城北 280 公里的耶斯里布（Yathrid）城的主要公民代表前来拜谒他。通过朝觐者和其他访客，穆罕默德的教义在耶斯里布赢得了稳固的基础。该城面临着内部的争端，需要一位外来的坚强领袖，而穆罕默德看起来就是这样的一个人。在该代表团宣誓只敬拜真主，会遵守伊斯兰教的戒律后，穆罕默德接受了这项任命。这时麦加的领袖们听到了他出走的风声，就尽一切力量加以阻拦。但是，当穆罕默德与他的同伴一起出发到耶斯里布去的时候，他们成功避过了监视。尽管麦加人穷追不舍，但是这两个人最终到达了他们的目的地。这一年是公元 622 年。

这次迁徙的阿拉伯文是 Hijra，它被穆斯林当作是世界历史的转折点，他们从那一年起开始推算日历。耶斯里布很快就被称为“先知之城”，之后被简称为麦地那（Medina），“那座城”。

从穆罕默德到达麦地那的时候开始，他就担任了一个与以前不同的角色：从先知转而被迫担任行政职务。他依旧过着像往常一样谦逊的生活。他住在一间平常的土房子里，自己挤羊奶，日夜都准备接见来访的人们。据说，他是一位杰出的政治家。他为了维护社会秩序，执行着必要的刑罚，但是当遇到针对他本人的伤害时，就算是对他的敌人，他也是温和而仁慈的。总之，麦地那的人们发现他是一位很难不去爱和不服从的主人。

在他生命的最后十年，他的个人历史与以他为中心的麦地那联邦的历史合而为一。他把城市中五个矛盾纷争的部落（其中两个是犹太人部

11 世纪《古兰经》精心装饰的书页。

落）铸造成一个有秩序的联盟，最后在市民心中唤醒了一种前所未有的合作精神。他的声名远播，人们开始从阿拉伯各地涌来，亲睹这位制造出“奇迹”之人。

接着，他开始为了整个阿拉伯世界的心灵而与麦加人作斗争。麦加人袭击麦地那，数年里，胜利几易其手，但是胜利的天平永久性地倒向了穆罕默德这一方。在他从麦加迁徙八年之后，离开时是逃亡者的他，现在却作为一位征服者回来了。出人意料的是，穆罕默德原谅了先前的迫害者。他途中来到了“克尔白”（Ka’ba），这是一座正方体的寺庙（据说是由亚伯

伊斯兰教的地理中心克尔白。

拉罕建造的)，穆罕默德重新将它奉献给安拉，并且定为伊斯兰的中心，全麦加城人几乎都改信了伊斯兰教。

穆罕默德本人回到了麦地那。两年之后，即公元632年，穆罕默德离世之时，整个阿拉伯几乎都在他的控制之下。在7世纪结束之前，他的信徒征服了亚美尼亚、波斯（今伊朗)、叙利亚、巴勒斯坦、伊拉克、北非与西班牙，并且横跨比利牛斯山脉进入法国。在短暂的一生中，穆罕默德在一个当时只是一个地理名词的地区唤醒了一个从未统一过的民族；建立了一个宗教，至今仍是世界五大宗教之一。

持续的奇迹

穆斯林对穆罕默德的钦佩、尊敬和爱慕之情，是一个令人印象深刻的历史事实。当穆斯林提到他的名字时，都会在前面加上祝福，“愿幸福与和平降临在他身上”。即便如此，他们也从来不会误把他当成他们在尘世上的信仰中心。那个位置是留给伊斯兰圣经——《古兰经》的。

从字面上讲，阿拉伯语 qur’an（即“古兰”）的意思是朗诵。正如我们已经看到的，穆罕默德非常重视其内容，他认为它是神通过他来完成的唯一重要的奇迹——他称之为神的“持续的奇迹”。穆罕默德自己能够制作出一部书，它提供一切知识的基本蓝图，而同时文法完美得无可比拟。这是穆罕默德和他的追随者都没有办法相信的。

穆斯林们倾向于逐字阅读《古兰经》。他们将之视为一部非创造的《古兰经》尘世摹本，就像基督徒把耶稣视为上帝的道成肉身一样。当然，并非说有两种《古兰经》，而是说，创造的《古兰经》是非创造的《古兰经》的无限真实的正式结晶。当创造的《古兰经》被说成是奇迹的时候，这个奇迹所指代的乃是非创造的《古兰经》存在于其创造出来的（因此必然在某方面受限定）显现的文字和声音。

《古兰经》中的话语乃是在前后 23 年间降临到穆罕默德耳中的声音，起初这声音听起来像是“荡漾的钟声”，不过，它慢慢地凝固成了单一的声音，即自称为天使加百利（Gabriel）的声音。在加百利说话的时候，穆罕默德对于这启示的涌出没有任何控制力量。当它到来时，穆罕默德的状态就发生了明显的改变。他声称这些话语撞击着他，坚实而沉重。有一次，在他骑骆驼的时候，这个声音降临了。那个时候，他们无法向前，骆

驼的肚子紧贴到地面，四条腿向外伸开。穆罕默德在这种类似出神状态下所呼喊出来的话，就由他的随从们默记下来。这些话被记录在骨头上、树皮上、树叶上以及羊皮纸片上，从头到尾都有神来保证其准确性。

《古兰经》继续表达着神在《旧约》和《新约》中对犹太人和基督徒的启示，并且以自己作为《旧约》和《新约》的全本。然而，穆斯林认为《旧约》和《新约》有两项缺点，而《古兰经》却没有缺点。第一，由于环境的原因，它们只记载了真理的一部分。第二，犹太教和基督教的《圣经》在传播的时候，有部分被破坏了，这就解释了同样的记事何以在《圣经》与《古兰经》中会偶尔出现差异。由于《古兰经》没有这两项不足，因此它成为神意志的最终且无误的启示。

从外部来看，对于穆斯林来说，这本书是安拉话语的化身，但对外人来说，《古兰经》是十分费解的——卡莱尔（Carlyle）把它称作是他所读过的最艰涩的读物。我们应该如何从内部及外部来读《古兰经》，以及了解它的差异呢？

《古兰经》所使用的语言，为这一问题提供了一条初步的线索。几乎没有任何一种语言能像阿拉伯语一样，对其使用者的情绪发挥如此大的影响力。但是语言并非《古兰经》给人所带来的唯一障碍，因为在内容上它也不像任何其他的宗教经文。不像《奥义书》，它并非带有明显的形而上的色彩；它不像印度史诗般将其神学根植在戏剧性的叙述上；不像希伯来经文是历史的叙述；也不像在《福音书》中以及《薄伽梵歌》中，神以人身来显现和启示。若把我们自己限定在闪语（希伯来语、阿拉伯语等）的经文中来看，我们可以说《旧约》和《新约》是直接涉及历史而间接涉及教义的，而《古兰经》则是直接涉及教义而间接涉及历史的。由于《古兰经》压倒性地大力宣告神的统一、全能、全知以及恩

伊斯兰教早期艺术与文学的典型代表（一）。

宠（人的生命相应地完全依靠它），历史的事实只不过是参考而已，因而其对历史本身并没有什么兴趣。当经文的要点是要说明主仆关系时，其他的一切都只不过是注释和暗示罢了。

当我们留意到外国经文向穆斯林呈现出它们自己的问题时，我们就比较不会责怪《古兰经》对外国人所呈现的奇异面貌了。

但说到《旧约》和《新约》，穆斯林对那些经文没有采取神圣语言的形式而只报道发生的事件表示失望。在《古兰经》中，神是以第一人称来说话的，他描述自己并让人明白他的律法。因此穆斯林倾向于把经书上的每一句都看作一项单独的启示，而把自己去体验那些话甚至那些话的声音，当作是一种得到恩宠的方法。

抛开我们上述的比较不谈，《古兰经》在穆斯林生活中的中心地位是无可比拟的。

大部分穆斯林在孩提时代就将经文铭记心中了，它规定了每一事件的解释和评价。它是信徒们的备忘录，每日行事的提醒，和启示真理的宝库。它是一本定义和保证的手册，而同时又是意志的地图。

最后，它是一套私下冥想的箴言集，无尽地深化了个人对神圣荣耀的感受。“你主在真理和正义上的话是完美的。”（6:115）

伊斯兰教早期艺术与文学的典型代表（二）。

基本的神学概念

除了少数特例之外，我们注意到，伊斯兰教的基本神学概念与犹太教和基督教有很多相似的地方。在本节中，我们将集中讨论其中最重要的四项：神、创造、人的自我以及审判日。

正如其他历史性宗教一样，伊斯兰教的一切都以其宗教的根本——神为中心。神是非物质的，因此是看不到的。对阿拉伯人来说，这一点并没有使他们怀疑神的真实性。作为沙漠中的居民，他们心中永远明白有看不见的一些手，在驱沙走石横扫沙漠，形成骗人的海市蜃楼的幻境。因此，《古兰经》并没有将阿拉伯人引向看不见的精神世界，甚至也没有引向一神论，因为某些孤身潜修的哈尼夫们（hanifs）已经走向那个立场了。它的创新在于驱除了信仰安拉之外的一切偶像崇拜。

我们必须立即补充，穆斯林认为一神教不仅是伊斯兰教对阿拉伯人的贡献，而且是对宗教整体的贡献。印度教众神的形象，就被认为是没有达到崇拜一神的明证。犹太教是被正确引导的，但是它的教义只限制在以色列人的范围之内。而基督教呢，因为奉基督为神而折中了他们的一神论。《古兰经》尊崇耶稣为先知，并接受他为处女所生，但是它在道成肉身和三位一体的教义上与之划清了界限，认为它们模糊了神、人之间的区别。

回到《古兰经》对神本身的描述，它给我们的第一印象就是它的威严性，激发起恐惧的力量。这一层次上的力量所激发出的人的恐惧之心是无限的，因而，说穆斯林惧怕安拉是真实的。不过，这并不是面对一位任性暴君的那种畏缩的惧怕。然而，（穆斯林争辩）当人面对无可妥

协的道德宇宙之对、错所带来的巨大后果时，惧怕是唯一适当的情绪。如果虚无主义是差异的消解，是一种通过“熵”而产生的道德上的一体拉平，那么安拉的宇宙却恰好与之相反。

善与恶至关重要。选择是有结果的。不过，一旦我们接受了这种神所激发的神圣的恐惧，其他次要的恐惧就会平息下来。记住这最后一点至关重要，因为安拉所激发的神圣的恐惧远远超过了他对他的子民的爱。这使得早期西方学者认为他缺乏神的仁慈，这显然是一种误解。神的同情和恩惠在《古兰经》中被颂赞了 192 次之多，而提到他的愤怒和报复的却只有 17 次。作为世界之主的他也是一切苦难的拯救者、丧亲者的朋友，他对人的爱远比母雀对它的幼雀的爱更为温柔。

由神我们可以转到“创世”这第二项神学概念上。在《古兰经》的描述中，世界并不像是通过某种模糊的发散过程从神那里产生的。它是安拉精心创造出来的，这一事实带来了两个重要的后果。

第一，物质世界是完全真实的也是重要的（此处存在着伊斯兰科学的来源之一，科学在黑暗时期的欧洲比地球上任何地区都更兴盛地发展着）。第二，由于它出自安拉之手，而安拉在美德和力量上都是完美的，物质世界必然也同样地美好。

这两点共同激发了穆斯林对生命和存在的物质方面的尊重，是和其他两个源自闪族人的宗教——犹太教和基督教所共有的。

在神的创造中，最重要的乃是人的自我，这种本性按照《古兰经》的定义，即是我们的第三项教义的主题。人之本性无疑是好的，它并没有被灾难性的堕落所污染。伊斯兰教中，最接近基督教教义的原罪是在其“遗忘”的概念中。人们的确忘记了他们神圣的来源，而且他们的本性是无可改变的善，因此他们应该拥有自尊和一种健康的自我形象。

把生命看作是造物主的恩赐，我们也要转过头来看看它的责任，这里共有两项。第一项是要对所接受的生命感恩。阿拉伯语“异教徒”（Infiadel）这个字的意思其实大多是指“缺乏感恩的人”，而不是“不信仰的人”。第二项持续性的人类责任，提醒我们回归这一宗教的名称。我们所称的伊斯兰（Islam），意思就是顺从。不过，现在我们需要从更深层次来探讨这一特质。

顺从的思想带有军事上的内涵，我们需要特别努力地意识到，顺从也具有把自己交出去的意思，所有的宗教皆是如此。威廉·詹姆斯深刻地指出对于一切宗教，顺从是如何的重要：

> “当什么都说了和做了之后，我们最后绝对地依赖着宇宙；我们被吸引，被迫参与某种牺牲与顺从，当刻意被注视与接受时，就好像进入我们唯一的永恒的安憩之所。如今在这些尚不足为宗教的心灵状态之内，顺从是作为必须的强制来被接受，做出来的牺牲顶多不过是不抱怨罢了。在宗教生活中，相反地，顺从和牺牲是正面地被采纳着；甚至于为了增进快乐还加上并非必要的放弃。宗教使得无论如何都是必须的，变得轻易而巧妙了。”

在这种关于顺从者品质的描述上，我们可以加上伊斯兰教的说法，认为做安拉的奴仆能够从其他形式的奴仆中解放出来——诸如做贪婪、焦虑或者野心的奴仆。这里所指的“奴仆”也是自发的，因为人心是自由的。《古兰经》中的一些篇章似乎暗示着命中注定，但是实际上并非如此，因为“任何人让他自己犯罪，完全是他自己的责任；任何人迷失了，只有他自己来承担其全部责任”（谁犯罪，谁自食其果）。(4:111)

埃及阿斯旺清真寺中的冥想者。

人的自我还有两项最后特征，这两项特征在我们总结的神学基本概念审判日中最尖锐地凸显出来，就是灵魂的个性与自由。《古兰经》把生命当作一个短暂却非常宝贵的机会，提供一个一劳永逸的选择，这里有着这整本书所讲的那种迫切性。当“失败者”面对他们的最后审判时，就算只能复活一天，相对于他们活着的时候想要得到的任何东西，他们会更加珍惜它。

根据最后审判的结果，灵魂将会被送到诸天或地狱中去修理，这在《古兰经》中以生动、具体而又感性的形象描述着。《古兰经》让这些形象平实而又有寓意，“有的符号是确定的，有些则是象征性的”(3:7)。虽然各种解释存在差异，但是所有穆斯林都相信每一个灵魂都要为其在世上的行为负责，其未来有赖于如何严守神的律令。

最后一点，如果这一切审判的说法，似乎仍然是把神过分塑造成一个惩罚者角色的话，那么我们可以找到《古兰经》中的诗节，把安拉从直接的牵连中整个排除在外。让灵魂对他们自己作审判。死亡所烧去的是只图一己私利的防线，逼迫个人完全客观地来看自己如何过了这一生。在那种视域的不妥协的光照之下，不允许有黑暗和隐藏的角落存在，乃是用自己的行动来谴责或者肯定一生的作为。一旦将自我从谎言的领域中抽出，那用来武装自己的虚假就会像被火点燃一样燃烧殆尽，而他在世上的生命所经历的，就像是人头马腿怪物身上所穿的一件衣衫一般。

神、创造、人的自我以及最后审判日，这些乃是《古兰经》教义悬挂其上的主要神学挂钩。不论它们的重要性如何，《古兰经》都是一本强调行动重于观念的书。在随后的两节中，我们就来讨论这些行为。

五根支柱

如果有人要一个穆斯林来总结伊斯兰教教导人如何生活的方法，回答可能是：它教人要走笔直的道路。这句话源自《古兰经》开头的诗节，在穆斯林每日五次的祈祷中不断地重复着。

> “求你引导我们上正路，
> 你所佑助者的路，
> 不是受谴怒者的路，
> 也不是迷误者的路。”

为什么要说是“笔直的道路”？有一个意思是显而易见的，还有另外一种意思，是针对在伊斯兰教中很特殊的某种东西。笔直的道路是一种直截了当的道路，它是直接而明显的。与其他的宗教比较，伊斯兰教对它所提出的生活方式作了清楚的说明。每一种行动类型都按照一种从“禁止”“无所谓”到“应该做”的计算标准来划分。穆斯林声称这是他们宗教的力量之一。他们说，神对人类的启示是通过四个伟大阶段进行的。第一，上帝通过亚伯拉罕（Abraham）启示了一神论的真理；第二，上帝通过摩西（Moses）启示了十诫；第三，上帝通过耶稣（Jesus）启示了黄金法则——我们要爱人如己，但还有一个问题——我们要如何爱我们的邻人？一旦生命变得复杂了，要回答那个问题就需要得到指导，《古兰经》正好满足了这个需要。

这些指导是什么呢？我们要将这种说明分为两个部分。在本节中，我们将审视伊斯兰教的五根支柱（亦称“五功”），那些规定了穆斯林与神打交道的个人生活原则。在下节中我们将讨论《古兰经》的社会教义。

伊斯兰教五根支柱的第一条，是念作证词，亦称信仰的告白（Shahadah）。它只有一句话：“万物非主，唯有真主。穆罕默德是真主使者。”声明的前半部分宣布了一神论的主要原则，除了唯一真主，没有别的神明。第二部分肯定了“穆罕默德是真主使者”，表明了伊斯兰教的信仰在于穆罕默德的真实性以及他所传达经书的有效性。在他一生中，一个穆斯林至少要有一次正确地、缓慢地、认真思考地、大声地、带着满是理解和衷心的信念来说信仰的告白。而事实上，穆斯林总是在说它的前半部分，“万物非主，唯有真主”。每当危机或是死亡来临时，“万物非主，唯有真主”就会从他们的口中说出来。一个虔敬的人，暴怒异常，但当他想起信仰的告白时，就会突然间平静下来，这句话好像把他本人与那狂乱的情绪隔开了距离。一位在生产中呼喊的妇人想到这几个字，就会突然间静下来。一个学生，焦虑地伏案考试，他会抬起头说出这个短语，一声刚好可以让人听见的放心的叹息，传遍了所有的教徒。这就是对所有问题的终极答案。

装饰有绘画的盘子

描绘的是伊斯兰教秘密传统中的一个形象，“觉醒的说道”，或者精神性知觉的五个器官。

伊斯兰教的第二根支柱就是正规的祈祷。祈祷明显是为了个体回应生命存在本身的感激之情，不过，更深层次的理由是要保持

16 世纪印度人的“先知穆罕默德升天图”手稿。

礼拜中的穆斯林妇女。

生命在正确的视域中。《古兰经》认为这是人们必须学习的最困难的课程，并完全（几乎可以说）引导自己在这方面把事情弄清楚。虽然人们很明显地没有创造自己，也没有创造世界的万物，但是他们似乎始终不明白这一点，总是把自己当作世界的中心，就好像自身即是律法那样地生活着。这就是灾难之源。在祈祷中，穆斯林在造物主面前承认他们的受造性，并且下定决心迈出将自己的意志交付给神的第一步。

穆斯林每天应该祈祷多少次呢？在《古兰经》中对这个问题有所说明。安拉最初指示的是每天祈祷 50 次。

在摩西的坚持下，通过协商，穆罕默德将次数减少到五次。即便如此，摩西依然认为太多了，“我了解那些人”，他告诉穆罕默德。但是穆罕默德拒绝做进一步的让步，祈祷的次数被最终确定为五次。五次祈祷的时间也同样是规定好了的：晨起时、日正当午时、日落一半时、日落、入睡之前。伊斯兰教不强调教徒聚会崇拜，也不强调一周中的哪一天是神圣的，虽然如此，在可能的情况下，穆斯林还是要尽量去清真寺中做祈祷，特别强调了在星期五正午那次的祈祷要去清真寺中做。穆斯林最初是朝耶路撒冷的方向（穆罕默德“登宵夜之旅”的方向）祈祷，但是后来《古兰经》的一项启示，指引他们要朝麦加的方向祈祷。遵守教规的祈祷者在祈祷之前要净身，开始的时候是以庄严而直立的姿势，不过当祈求者跪下来，头触地时就进入高潮。至于祈祷的内容，祈祷者强调赞美、感恩和祈求。

在清真寺中做礼拜的男子。

伊斯兰教的第三根支柱是慈善。那些富裕的人应该帮助减轻那些比较不幸的人的负担。《古兰经》在这一点上也是很明确的，个人每年收入的2.5%应当分配给穷人。慈善的对象是哪些人呢？这一点也有明确规定：他们必须是那些急需救助的人、正要赎回自由的奴仆们、还不出债务的欠债人、陌生人和旅人，还有那些募捐和分配施舍的人。

伊斯兰教的第四根支柱是遵守斋月。斋月是伊斯兰教日历上的一个月份——圣月，因为在这个月份中，穆罕默德接受了他最初的启示，并且在十年后完成了从麦加到麦地那的历史性迁徙。为了纪念这两个伟大

的时节，所有健康的穆斯林（没有病的，或者并未身处在战争危机中或无可避免的旅途当中的）在斋月中都要斋戒。从黎明到日落，不可以吃东西、饮水或抽烟，也不能过性生活。由于伊斯兰教用的是阴历，斋月是随着年份变动的。那么，这种禁欲的重要性是什么呢？其一，它使人反省（为什么我要履行这一非自然的行为？）；其二，它教人自我约束。它提醒人的脆弱性和依赖性。它培育激情，因为只有那些经历过饥饿的人才会知道饥饿意味着什么。

伊斯兰教的第五根支柱是朝圣。在每位穆斯林的一生中，只要他的身体和经济条件许可，至少要有一次到麦加去朝圣，那是神的启示第一次宣示出来的地方。朝圣的基本目的是提高朝圣者对神及其昭示的意志与热诚，不过这样做也带来了额外的好处。其一，它提醒了人的平等性。抵达麦加时，朝圣者脱去了带有象征社会身份的正常服装，换成了简单、同样的服饰。这种聚会还促进了不同国家的人之间的理解。它把不同国家的人们聚集在一起，证明他们共有的一种忠贞，这种忠贞超越了他们对国家和族群的忠贞。朝圣者收集了其他地区和人民的资讯，对彼此更加了解而后回到自己的家乡去。

伊斯兰教的五根支柱包含了穆斯林所要做的事情，维系了伊斯兰教的长盛不衰。也规定了他们不可做的事，如赌博、盗窃、说谎、吃猪肉、饮酒以及放荡的性行为等。连那些触犯了这些规定的穆斯林也承认他们的行为是越轨的。除了慈善之外，在本节中我们所讨论的都是有关穆斯林的个人生活，现在我们要转过头来看伊斯兰教的社会教义。

社会教义

如果我们来看前伊斯兰和后伊斯兰期间阿拉伯世界的差别，我们就不得不问这样的问题，历史上是否曾经在如此短的时间，和如此众多的人民中间，见证过类似这样的道德进步。在穆罕默德之前，族群部落之间的暴力几乎是完全没有制约的。在财富和产业上的极端不公平被接受为万物自然的秩序。妇女被视作财产而不是人，溺婴（尤其是女婴）事件是司空见惯的，酗酒和大量的赌博前面已经提到了。半个世纪之内，在所有这些方面的道德风气都发生了惊人的改变。帮助它完成了这项近似奇迹般的事件的，是我们已经说到的伊斯兰教的一项特征：明白的宣示。《古兰经》除了是精神的引导外，也是一项法律的纲领。它把信仰和政治、宗教和社会紧密地结合起来。

伊斯兰教的法律范围非常广泛。为了达到本书的目的，我们只需要把它的规定归纳成为集体生活的四个领域。

一、经济

伊斯兰教敏锐而深刻地认识到生命的物质基础，并用法律来接手这一领域，打破了经济阶级的壁垒，从而大大地减少了特殊利益集团所造成的不公平行为。

将伊斯兰教的法律与身体的循环系统相比较，我们就会知道它是如何运行的。健康有赖于血液自由而活跃地流通；血流缓慢就会带来疾病，血液阻塞就会造成死亡。政治事务也没有多大的不同，只不过财富取代了血液成为给予生命的物质。只要这种类比被尊重，就需要

巴格达的清真寺。

用法律来保障财富流通顺畅。伊斯兰教并不反对适当的利益动机、经济竞争或者企业家的冒险精神。事实上，这些都被允许自由进行。它只是坚持获取和竞争要由公平的竞争来加以平衡，让“动脉保持畅通”，并且在强大的同情心的推动下，把给予生命的血液（物质的资源）注入循环系统中最细小的毛细血管中。这些“毛细血管”由济贫金来供养，规定每年个人所有的一部分要拿来分配给穷人。至于要防止“阻塞”的方法，针对当时最严重的经济痼疾——长子继承权，《古兰经》明确地判之为非法。它要求遗产要由所有的继承人共享，包括女儿和儿子。

在《古兰经》的一个诗节中禁止收取利息。在当时，这是公正的，因为当时借贷是用来帮助不幸的人在灾难时期渡过难关的。不过，由于资本主义的兴起，现在借贷用来作为冒险资本。穆斯林对这一改变的适应之道是让债主变成应用该笔款项的冒险事业合伙人。以这种方式来看待资本主义的话，穆斯林就不再觉得市场经济和伊斯兰教之间有何不相容之处。至于资本主义的过分膨胀，则是另外一回事。《古兰经》的平等化条规，如果适时地加以应用就可以将之平衡过来。

穆斯林法律打破了经济壁垒，并且提高了妇女在阿拉伯世界的地位。

二、妇女的地位

由于伊斯兰教允许多妻制，它被指责贬低了妇女的地位。

如果我们以历史的角度来看待这个问题，比较阿拉伯妇女在穆罕默德之前和之后的地位，那么就会发现这种指责是不正确的。对于那种把生女儿当作是一场灾难的情况，《古兰经》的各种改革，对妇女地位的

结婚必须要得到女方的认可，并且在伊斯兰教的法律下她们有权起诉离婚。

改进所发挥的作用是无可估量的。它们禁止杀婴，规定女儿也有遗产继承权。尽管并非平均分配，女儿继承到的财产只是儿子的一半，这似乎也算是公平的。因为与儿子不同的是，女儿无须承担她们家庭的财务责任。她拥有作为公民的权利（受教育权、参政权和就业权），《古兰经》对于妇女与男人完全平等的可能性是持开放态度的，在那些实现了现代化的伊斯兰国家，这种平等已差不多达到了。西方妇女是由于工业革命和民主制度而并非因为宗教取得了社会地位，如果在这个世纪，伊斯兰教的妇女仍然不能取得和西方妇女同等的社会地位，伊斯兰教就要为此负责了。

不过，在婚姻制度上，伊斯兰教为妇女做出了最大的贡献。首先，它把婚姻神圣化，使它成为性行为的唯一合法前提。其次，《古兰经》规定结婚必须得到女方的认可，没有新娘的同意，双方是不能成婚的。再次，伊斯兰教大大地加固了婚姻的盟约。虽然《古兰经》并不禁止离婚，却只把它当作最后的手段。在婚姻期间，丈夫被要求提供给妻子一笔数额经双方同意的金钱，一旦有离婚的情况，她就可以悉数保留这笔钱。在证实为必要的情况下，妻子也和丈夫一样有提出离婚的权利。

然而，多配偶或更确切地说多妻制的问题仍然存在。的确，《古兰经》许可一个男人同时拥有四个妻子，但是越来越多的共识认为，如果仔细阅读其相关规定的话，就会发现它是以单配偶为理想模式的。支持这一观点的《古兰经》声明说："如果你不能平等而公正地对待'一个以上的妻子'，那你就只能娶一个。"这使得法律专家辩说《古兰经》完全是主张单偶制的，因为要完全平等分配感情和尊重几乎是不可能的。

一直有人说，事实是《古兰经》确实许可多妻制，在赫蒂彻死后，穆罕默德也有过多个妻子。穆斯林把这两项当作伊斯兰教在不同情况下灵活变通的例子。他们认为，有时在道德上多妻制比单偶制更可取一些。例如，战争大大减少了男性的数目就提供了一个例子，而使他们被迫在多妻和避免大量妇女不能做母亲及产生任何类型的核心家庭之间做出选择。另外，一妻制不现实，往往滋生卖淫行为。鉴于这种情况，穆斯林更进一步地为他们的多妻制作辩护，指出在西方多次的婚姻是很普遍的，不同的只是他们是逐次地在进行。如果伊斯兰教妇女有离婚的权利，在自愿的情况下退出多妻制安排的话，西方版本的"连续性一夫多

非洲西部的清真寺。

妻制”，难道会比其同时期的多妻形式更优越吗？

最后，尽管穆斯林认为女性在婚姻中有得到性满足的权利，但是他们并不回避是否男人的性要求比女性多的争论性问题。正因如此，与其让男人的性冲动泛滥，不如顺其天性生理之需求。伊斯兰的法律立下了一个多妻的架构，并提供了少量的控制。允许多妻制，但这并不意味着可以逃避随之而来的责任。

至于说妇女戴面罩及她们一般被隔离的这类情况，《古兰经》的禁令是有所保留的。它只是说“告诉你的妻女和妇女信众们（当她们到外国时）用衣服裹紧身子”。(33:59）从这种规定衍生出来的极端情况，乃是当地习俗的事而非宗教上的硬性规定。

三、种族关系

伊斯兰教强调平等，而在民族共存上取得了显著的成就。这一领域中的最终考验乃是在通婚的意愿上，穆斯林把亚伯拉罕愿意娶黑人之女夏甲为妻视为典范。马尔科姆·X（Malcolm X）在1964年到麦加朝圣时，发现种族主义在伊斯兰是没有先例的，这极大改变了他对伊斯兰教的态度。穆斯林喜欢回忆第一名唤礼员比拉（Bilal）的事迹，他是依索匹亚人，定时为那些曾经迫害早期穆斯林（很多是黑人）的“白人”祈祷，希望他们改信伊斯兰教。

四、武力的使用

穆斯林说，在西方人眼中，伊斯兰的固定形象大多是一种靠武力传播的激进宗教。他们把这看作是一种已经延续了1 300年的偏见，其间伊斯兰和欧洲有共同的边界，大部分时间里双方都在为了边界而争斗。这是一种刻板印象，是由那些把伊斯兰看作敌人的人造成的。

穆斯林承认《古兰经》不劝人把脸转过来让人打，也不主张和平主义。在情况许可时，它教导人们宽恕以及以德报怨，不过这不同于不排斥邪恶。《古兰经》许可对任意作恶所造成的全部后果作出惩罚。把这种正义原则延伸到集体生活中，于是就有了伊斯兰教圣战的概念，这是穆斯林所肯定的。但是这些并不足以成为指控他们好战的证据。

作为一名出色的将军，穆罕默德留下了许多有关战争的传统：要遵守协议，避免诈骗；不可残害伤者，不可毁损死者；妇女、老人和儿童要予以赦免；果园、农作物和圣物亦复如此。然而，最重要的问题是要进行正义的战争。《古兰经》对“圣战”的定义与天主教的教会法规中

德里贾玛清真寺外面的庆祝场景。

的“正义战争”实质上是一致的。一个正义的战争必须是防卫性的或是对不可饶恕错误的纠正。

从理论到实践，穆斯林主张在一种情况下，这两者是一致的。穆罕默德一丝不苟地坚持他在麦地那制定的章程，这一章程以《古兰经》的训令中的规定为基础。“让宗教中没有强制吧”(2:257)，这是人类历史上宗教宽容的第一项指令。穆斯林承认，这一模范的开端并没有持续下去，但是，由于其他宗教在历史上的表现也算不得模范，这个问题就化约为穆斯林是否比其他宗教更好战。这一指控主要来自基督教，它的历史在这一点上将作为参考。

穆斯林指出，许多个世纪以来，在伊斯兰教的统治之下，印度、西班牙与近东，基督徒、犹太教徒以及印度教徒都平静地生活在自由之中。即使在最坏的统治者之下，基督教和犹太教都占据着有影响力的位

日本山上的一个清真寺。

置，并且一般而言都保留了他们的宗教自由。穆斯林提醒我们，在15世纪把犹太人赶出西班牙的是基督徒而不是穆斯林，他们在伊斯兰教的统治下曾经享受过他们的黄金时代。再从这个例子追踪下去，西班牙与安那托利亚差不多在同时易手——基督徒把摩尔人赶出西班牙，而穆斯林征服了今日的土耳其。穆斯林不是被赶出西班牙，就是被杀，或者被逼改教，但是东正教堂的所在地至今仍然保留在伊斯坦布尔。的确，如果我们要比较的话，穆斯林认为基督教的记录是两者中较黑暗的。他们会问，是谁以和平王子之名号召十字军东征？是谁建立了宗教法庭？是谁发明了拉肢拷问台和十字架火刑台，将其作为宗教的工具，并把欧洲卷进了破坏性的宗教战争？

关于这个问题，客观的历史学家在判定中一直认为，伊斯兰教至少在使用武力的记录上绝不比基督教更为黑暗。

苏非教派

我们一直认为伊斯兰教是完全统一的，其实不然。同任何其他的宗教一样，它也是有分歧的。我们将忽略其主要的历史纷争（逊尼派和什叶派之间关于穆罕默德继承权之争），而集中讨论一项有普遍意义的区分。这一区分就是伊斯兰教神秘教派苏非派和同属伊斯兰教的多数非神秘主义者之间的区分。

苏非（Sufi）的词根“suf”意思是羊毛。在穆罕默德去世一个或两个世纪之后，尤其是那些极其遵从《古兰经》内在的精神教诲的穆斯林开始穿粗制毛服，来抗议苏丹和哈里发的丝质和缎质衣服。他们为伊斯兰教的世俗化而感到震惊，于是他们寻求从内心使之净化。内在应先于外在，意义应先于物质。他们呼吁：“少爱一点儿盛水的瓶子，多爱一点儿瓶子里的水。”

苏非派的教徒通过《古兰经》引申出来的神的本质既是“那外在的，又是那内在的”。对于大部分的穆斯林来说，神的外显意义已经足够满足他们，但是苏非派教徒却想要探究神的深层一面。他们想要在这一生之内，直接面对神，就在当下，而不是等到死后的来世。

这就需要特别的方法，为了发展和练习这套方法，苏非派教徒聚集在精神导师的周围形成了苏非教团（Shaikhs）。在 12 世纪，这些团体逐渐明朗化，变得更有秩序。这些教团的成员被称为法基尔（Faqirs），字义是贫穷，有“在此世贫穷而在神那里富足”的人的含义。在某些方面，他们却构成了一种精神上的精英，比其他穆斯林有更高的热情，也愿意为了他们更高的目标去承担更沉重的训练。他们并非与世隔绝，他

伊斯兰教神秘教派——苏非派苦行僧的圣舞。

们大部分可以结婚，并且从事着正常的职业。他们会修缮他们的聚会地点，在那里吟唱、舞蹈、祈祷、数念珠，同声背诵他们的经文，聆听他们的导师讲道。他们指出，那些对火无知的人能够一步一步地去了解它：先是听到它，然后看见它，最后是被它的热烧伤。苏非派教徒想要被神“烧伤”。

这就需要去接近它，苏非派教徒发展了三种相互重叠且各具特色的途径。我们可以称之为爱、狂喜和直觉的神秘主义。

先从第一种讲起，苏非教派的爱情诗是举世闻名的。一位8世纪杰出的女圣人罗比亚（Rabi'a），在她经常长达整晚的单独守夜中，发现神的爱是在宇宙的核心；不把自己浸润在神之爱中并向别人反映出来，就

失去了生命最高的福祉。因为爱在对象不在眼前时最为明显，那时至爱的重要性才不能被忽略。波斯诗人特别注重详述隔离之苦，而深化他们对神的爱，因而向它靠近。波斯诗人鲁米（Jalal ad-Din Rumi，1207—1273）使用芦笛的哀音对这个主题进行了典型的表达。

请听那芦苇所讲的被分离的故事：

> “自从我在芦苇丛中被割下后，我就发出这样的哭声。
> 任何与爱人分离了的人就会了解我说的是什么，
> 任何人从源头被拉开，都渴望着回去。”

罗比亚在她著名的夜祷中祝贺了两个灵魂的最终会面，一个有限、一个无限赞美了战胜分离的喜悦：

> “我神我主：
> 眼睛合上了，星星坠下了，
> 鸟儿在它们的巢中安静下来，
> 还有那深处的怪物。
> 而你是那不知变化的正义，
> 那从不偏离的公正，
> 那从不死亡的永恒。
> 王者之门被锁上，由他们的亲信守护，
> 可是你的门向那些造访的人们敞开。
> 我主，每位恋爱者现在都与他的至爱单独在一起。
> 而我单独与你在一起。”

我们把苏非派走向神圣显现的第二种途径叫作狂喜。狂喜，字面上的意思是“立身于自我之外”，因为它所引发的经验与通常的经验不是在程度上而是在种类上的不同。通常狂喜的苏非派教徒所经验的内容是那么彻底地令他们着迷，以至于他们根本意识不到自我，对自己是谁、在何处和发生了何事都已经不再关心了。在这个意义上，他们已经与自己“分离”了。

苏非派信徒尊敬他们的狂喜主义者，不过，把他们说成是“醉”了，认为他们必须回归清醒，同时他们要弄明白幻想中所见景象的实质。简而言之，必须令超越内在化，从这个世界之外的境界所遭遇到的神也必须从内在中感知。内在神不需从狂喜开始，而直接去培养内在神的途径就把我们带到第三种苏非教派的方法——直觉辨别的道路。

和其他两种途径一样，这一途径带来了知识，不过却是一种独特的知识。如果爱情神秘主义产生出“心知”，而狂喜则产生“视觉的或视像的知识”，因为地球之外的真实被见到了，那么我们可以说是直觉的神秘主义带来“精神知识”，前提是我们要知道这种知识来源于心底的极深处。这一层次的知识不需要任何形象，也不需要任何思想，这正是它与普通精神状态的不同之处。它是通过直接的洞察力获得的，类似“人体感官获得的知识”，只不过客体变成了非物质的精神。这类知识并没有像狂喜主义的苏非派所做的那样，让现实世界显得黯然失色。相反，它使这个世界蒙上了天上之光。或者换种说法，它把世上的事物都看作神所创造的必须展现的外在。随着洞察力获得力量之后，这些外在的衣裳变得越来越透明。人们透过它们看清了神的伪装，原来是神罩上了面纱。

苏非派用来揭穿神的伪装的主要方法是象征符号。用看得见的对象来说明看不见的东西，象征符号是宗教的普遍语言，它之于宗教就好比数字之于科学一样。然而，神秘主义者尤其会从多个方面使用它们，他们并不停留在象征所投注的最初的精神目标上，却以之为垫脚石来达到一个更高的层面上。《古兰经》的每一诗节都至少有七个隐藏的含意，其数量有时可以高达70个。

我们对这一点加以说明。例如，所有的穆斯林进入清真寺之前都要脱鞋，这是表示尊敬。苏非派教徒完全接受这一象征，进而在这一行动中看到额外的意义，就是要移开一切使灵魂与神分离的东西。或者我们再看宽恕的行为吧。所有的穆斯林都会为了特殊的僭越而祈求宽恕，但是当苏非派教徒向神祈求宽恕的时候，还加上了一项要求，即为他或她分离的存在请求原谅。这听起来实在古怪，显教的穆斯林觉得难以理解。而苏非教徒却视之为罗比亚教导的“你的存在是一种罪，没有其他罪可以相比”的引申。因为存在是从某种东西中凸显出来的，这里说的“某种东西”就是神，存在包含了分离。为了避免分离，苏非派教徒发展出了他们的教义寂灭说或是灭绝说，并将其作为他们所追求的逻辑目标。这并非将他们的意识灭绝，要结束的是他们的“自我意识”，即充满了个人计划的分离自我的自我意识。如果这种结束很彻底的话，则他们朝现在那已空洞的自我的干壳内部去探察，他们将只能找到神，除此之外，什么也没有。

在桑给巴尔岛清真寺里祈祷的男孩。

苏非教派的意义是要挑战人们一般认为事物所具有的独立性。一神论对于他们来说，不仅仅是没有两个神的神学观点，他们认为那是再明白不过的。关于一神论的存在主义意义（安拉是我们把自己托付或者应

阿特拉斯山山口附近的摩洛哥柏柏尔人村中耸立的清真寺尖塔。

该托付的对象），他们同意“万物非主，唯有真主”的最初意思是，我们应该把我们自己只托付给神，而不是交给其他的任何东西。不过，他们认为，我们是不能了解这个短语的全部意义的，除非我们明白让其他东西完全占据我们时是何种感觉；物体本身的存在就有吸引我们或排斥我们的力量。把光想成是由电所造成的——只问电而不问电从何处来——原则上就犯了规避之病，因为只有神才是自足的。

虽然象征符号的效力强大，但它的作用却有点抽象，因此苏非派教徒辅之以记忆，通过重复安拉之名来练习记忆安拉。穆罕默德说，“有一种擦拭一切事物的方法可以除锈。”又补充说，“祈求安拉就是擦拭心灵。”对神记忆的同时也在忘记自己，因此苏非派教徒认为重复安拉的名字乃是把他们的注意力朝向神的最好办法。

以上几段文字主要介绍了苏非派教义的核心，却并没有解释为什么本节一上来就把它与伊斯兰教内部的分化联系起来。原因是穆斯林对于苏非教派有点拿不定主意。因为苏非派教徒所做的某些变通，使得显教的穆斯林在良心上不能容忍。通过伊斯兰教的正统天窗可以看到天空，而苏非派教徒相信有比这窗口所允许看到的天空更大的天空。鲁米断言：“我既不是穆斯林，也不是基督徒、犹太教徒、袄教徒；我既非大地的，也非诸天的，我既非肉身亦非灵魂。”由此，我们能够了解到显教信徒恐惧正统伊斯兰教会被曲解到超过了可以容忍的限度。神秘主义冲破了保守传统的信仰者信仰的界限，这样做的结果就进入了一个无限制的领域，虽然对有些人来说是满足的，却给那些对教义了解程度不够深之人带来了危险。

苏非派教徒有他们的权利，不过，（如果我们大胆来评判作为一个整体的伊斯兰教的话）普通信众也有他们的权利，他们相信完全足以令他们得救的信仰的明确原则，似乎由于受到苏非教派的损害而被破坏了。因为这个原因，许多精神导师对于他们的教义是很谨慎的。因此，显教的权威人士会对苏非教派存有可以理解的疑虑。他们也曾经加以控制，一部分通过大众舆论，一部分通过持续了好几个世纪的两派之间动态的紧张关系，一边是显教的宗教权威，一边是苏非教派的精神导师。整体而言，显教和密教在伊斯兰教中已经取得了一种健康的平衡。

萨马拉的一个螺旋形尖塔直冲云霄。

伊斯兰教去往何处?

在《古兰经》宣告了神的“独一性”以来的很长一段时间里，穆斯林们一直在偏离它的精神。他们的领袖最初一次又一次地承认了这一点，宗教实践被纯粹的职业行为所取代，他们的热情也已经消退了。

从整体上看，伊斯兰教在我们面前所展示的是人类全部历史中最可观的景象之一。我们曾经讲过它早期的伟大。如果我们追踪其历史，就将有章节讲伊斯兰教帝国，自穆罕默德去世1个世纪之后，其帝国从波斯湾扩展到印度河和中国边境，从咸海扩展到尼罗河上游。更重要的章节，将描述伊斯兰教观念的传播：一个无与伦比的文学、科学、医学、艺术和建筑的兴起；大马士革、巴格达与埃及的辉煌，以及在摩尔人统治下西班牙的辉煌。还将有一些故事说明在欧洲的黑暗时期，伊斯兰教的哲学家和科学家如何使知识之灯保持明亮，准备点燃那从长期的沉睡中醒来的西方心灵。

故事还不仅仅全部限制在过去，因为有迹象显示，伊斯兰正在从多个世纪的停滞不前中突起，殖民地化无疑会使停滞更为恶化。它面临着巨大的问题：如何把工业的现代化（总体而言是受欢迎的）与西化（总体而言是不受欢迎的）区分开来？当民族主义的力量强有力地反对统一之际，如何实现那潜在的伊斯兰的统一？如何在一个多元的、相对化的时代坚持真理？摆脱了殖民主义的奴役，伊斯兰正以其先前的某种活力活跃起来。从摩洛哥横过直布罗陀到大西洋，朝东横过北非、穿过印度次大陆（包括巴基斯坦和孟加拉国），直到印尼，伊斯兰是现代世界的一股重要力量。在全球50亿人口中有为数约9亿的信仰者，在今天每

在经历了几个世纪殖民主义的苦难之后，当今的伊斯兰教已经成长为当代世界至关重要的力量。

5人或6人当中，就有一个人属于这一宗教。它以无比的细节指导着人的思想和行为。它的信仰者的数目还在不断地增加。他们不论白天或黑夜，任何时间口中都会念着下面的话语。从寺院的尖塔上，一位唤礼员（现在是收音机）会呼唤信仰者祈祷，宣告着：

真主是最伟大的。
真主是最伟大的。
我证实万物非主，唯有真主。
我证实穆罕默德是真主先知。
起身来祈祷；
真主是最伟大的。
真主是最伟大的。
万物非主，唯有真主。

18 世纪，用于包裹犹太经典的织布。

第七章

犹太教

听！以色列啊，
主，我们的上帝，
是独一的。

所谓的“摩西石”，或者卡卡巴尔，
摩西在上面已经展示了他的魔法技术。

布拉格希伯来博物馆内的《以斯帖记》银卷轴。

曾经有人估计过，西方文明中有三分之一带有犹太祖先的印记。我们在给孩子取的名字（亚伯拉罕·林肯）上感觉到它的力量，在我们的艺术（米开朗琪罗的大卫雕像）中感觉到了它的存在，美国生活中的有些说法（刻在自由钟上的字句“向全国宣告自由”）哺育了我们的心灵。不过，古代犹太人的真正冲击在于其影响的深度——使西方文明接受了他们对生命提出最深刻的问题所采取的远见角度。

说到犹太思想对西方文化的冲击，当我们回到那土地、人民以及造成这种冲击的历史，我们就不得不震惊了。原以为它们也会像其影响一样令人印象深刻，可是事实却并非如此。从时间上看，希伯来人在历史舞台上是迟来者。当他们最后定居下来，其所选择的土地也同样微不足道。迦南的长度约 240 公里、宽约 80 公里，是一个如邮票般大小的国家，大约是伊利诺伊州的八分之一大。就连犹太人的历史，从外面来看，也不算什么。它当然不是沉闷的历史，可是以外在的标准来衡量，就如数不清的其他弱小民族的历史一样。与同时代那些具有巨大影响力的历史比起来，犹太历史完全是小儿科。

如果犹太人成就的关键不是他们的古老，也不是他们的土地和历史的分量，那么是什么呢？我们所追随的线索是这样的：把犹太人从微贱抬高到永久性宗教上的伟大，是因为他们追求意义的热情。

神的意义

“太初，神……”从头到尾，犹太人对意义的追求，乃是根植在他们对神的了解上。不论人民的哲学是什么，它必定要顾及“他者”。这有两个原因。第一，没有人是自我创造的；由此可见，人类乃是由自己以外的某种东西所生出来的。第二，每个人在某一时刻都曾发现自己的力量有限；因此更增加了我们所自发的“他者”的力量，这是第二层意思。在某些方面，它会超出我们的控制。

把这两种无可避免的“他者”的力量融合在一起，人们会追问这样做是否有意义。四种特性可以使它变得无意义，即平凡的、混乱的、非道德的和敌对的。犹太思想的胜利在于它拒绝放弃意义而选择上述任何一种情况。

犹太人通过把“他者”人格化而抗拒了单调平凡。这样他们就与古代的同辈人是一致的了。把整个世界看作是无生命的概念，这是一种较后出现的推测，早期的世界完完全全是鲜活的、有感觉的。

透过《圣经》中描述上帝时的诗意具象的语言，我们可以得到终极真实（他者）更像是人而不是物。不过，关于这一主张，有两点需要说明。首先，几乎没有反对这一假设的证据，这使得一个如怀德海（Whitehead）这样知识渊博的哲学家兼科学家在20世纪毫无保留地接受了这项假设。第二，这项主张比起其他的选择来说更加崇高。犹太人拓展了他们能够想象的有关“他者”的至高的概念，并且在人身上找到的深度和奥秘，远比在身边的任何其他神秘事物上找到的要多。

而犹太人与他们的邻人所不同的，并不在于视“他者”为人格性的，而在于其人格主义集中在单一的、至高的和超自然的意志上。对于其他地中海沿岸的人们来说，每一种主要的自然力都是一个不同的神祇；然而在希伯来圣经中，自然完全是由独一的造物主创造并统治的。在希伯来圣经中提到的其他神灵，都衍生自雅威（Yahweh，在许多翻译中被误读为耶和华 Jehovah）并且终有一死，他们跟上帝不是同一层级的。

犹太教过分强调一神论的重要性在于它为生命引入了关注焦点。如果神是个人要毫无保留地把自己托付出去的对象，拥有比一还要多的神，他就是在过着一种不专一的生活。如果有一条使人类生命走向完满的一贯之道，就必然有支持着这条道路的“他者”的单一性。而这样的单一性的存在就是犹太人信仰的基础。“听！以色列啊，主，我们的上帝，是独一的。”（《申命记》6:4）

剩下来的问题是，现在表现为人格性的、始终为一的“他者”，是否是非道德的或者敌意的。如果它是两者之一，这也会使意义落空。因为如果这不是一个道德的宇宙，那么善就不可能在长时间里占优势主导地位，而反对它的那些东西也就是不可克服的。

我们谈到犹太思想的最高成就，并非在于一神论本身，而是在其归之于那独一的神的性格上。与犹太人同时代的民族的神有两个特点。第一，他们往往是不道德的。第二，他们不关心人类。犹太人恰恰相反。在奥林匹克诸神孜孜不倦地追逐美女的时候，西奈的神却照顾着寡妇和孤儿。在美索不达米亚的安努和迦南人的神继续奉行冷漠的作风之际，雅威说到亚伯拉罕的名字，把他的人民从奴役中解救出来。

那么，这就是希伯来人对摆在人类面前的“他者”的概念。它不是单调平凡的，因为在其中心是一位威严神圣的存在。它不是纷乱的，因为它凝聚在一种神圣统一之中。它既不是非道德的，也不是冷漠的，因为它的善是“从永恒到永恒的”。犹太人的狂喜有坚实的基础，因为他们夸张地欢呼：“在诸神之中有谁像你呢，哦，雅威？”“哪一个伟大的国家有一位像主一样的上帝呢？”

创造的意义

在《卡拉马佐夫兄弟》中，陀思妥耶夫斯基借伊凡之口说："我不接受神的这个世界。虽然我知道它是存在的，但是我完全不接受它。并不是说我不接受神，你必须明白，而是他所创造的世界，我不要也不能接受。"

伊凡并不是唯一一个发现神或许是好的，而世界却不是好的人。所有的哲学都做了同样的事情。与之相反，犹太教肯定这个世界。圣经《创世记》第一章的创世部分得到的结论，是雅威巡查了他所创造的世界，并且宣布它是善的。

这也许是人类精神可以记录的最重要的一个断定，这一描述出自雅威之口。人们时常会问自己生命是否值得，这相当于在问，当人的生命遭逢逆境的时候，人是否有继续活下去的意义。

在艾略特（T. S. Eliot）的《鸡尾酒会》中有一段讲到这一点。西利亚对爱情不仅感到失望而且幻灭了，她去向一位心理医生求助。第一次会诊，她非同寻常的开场白如下：

> "我必须告诉你，我真的认为我有什么地方不对劲，因为如果没有的话，那就是世界本身有

希伯来文的《旧约》手稿。

什么地方不对劲。那就更吓人了。那就可怕了。因此我宁愿相信我有什么毛病，而那是可以医治好的。”

西利亚的话一针见血。当遇到困难的时候，我们要如何作结论呢？

要么认为错误只是众多错误中的一个，亲爱的布鲁特斯（Brutus，译注：刺杀恺撒的凶手），或者它即将到来，在我们自己内心。两种答案都无从查实，不过哪一个能够引起更有创造性的反应则是毫无疑问的。在一种情形下，面对问题我们还可以做些努力，而在另外一种情形下我们则是无助的卒子。由此来看，犹太人肯定这个世界的善，就使他们有了一个建设性的前提。然而，不论命运是如何令人绝望，不论身处于多么深的死亡阴谷

犹太人认为这个物质世界是“很好的”，这个观点与古希腊和印度哲学家的观点相去甚远。

中，他们永远不会对生命本身绝望。意义永远等着你去赢取，永远不会缺乏创造性回应的机会。

至此，我们谈到了犹太人对整体创造的评价，不过圣经的说法中有一个因素是值得特别注意的：它对存在的实体物质成分的关注。

希腊的大部分思想对物质持一种怀疑的态度。印度哲学也是一样的，认为物质像一个野蛮人，会破坏它所接触的一切。在这种思想背景中，拯救所涉及的是把灵魂从物质的容器中解放出来。希伯来圣经有所不同，开宗明义就说出了这样的话，“太初神创造了诸天与地”，在第一章节的结束语中说，神检查“一切他所创造的”，包括大地，“以及所看到的，它很不错”。这个“很”字，给予整个犹太人一种轻快活泼的基调，随后的西方自然观也发出了一声欢呼。犹太人在各个方面穷追着意义，他们拒绝把存在的物质方面当成是幻觉的、有缺陷的或不重要的。丰富的食物使得那被承诺的土地变成“一块美丽的土地”，性也是美好的。少数派运动（例如苦修派）有时可能会下相反的结论，不过就整体而言，犹太人对婚姻是很尊重的。先知们看到财富分配不均而痛加指责，因为他们被许诺确信财富是好的，更多的人应该拥有更多的财富。甚至在死亡的问题上，犹太人并不认为就此便与身体断绝了关系，他们相信身体是可以复活的（基督教和伊斯兰教承袭了这一观点）。

与印度、东亚崇尚自然不同，犹太人不只是欣赏和顺应自然规则，而且（正如犹太人所说的那样）塑造自然。在明确了世界是“很不错”的之后，雅威继续委托他的孩子们去“支配”这个世界，（在《创世记》第26小节中，强调“让他们管辖……整个的大地”）。我们看到的是对自然的欣赏，相信人能量力而为，善用其力量，这在当时是很特殊的。众所周知，这种态度注定会有其结果，即现代科学最先发源于西方世界并非偶然。

人类存在的意义

人类思想的最关键性因素乃是他们的自我形象。这里，犹太人也在找寻着意义。他们对人性极端地有兴趣，不过并非为了其动物性的一面。他们想要理解生命的真理，以便使自己达到最高的成就。

犹太人非常清楚人的有限性。与诸天的威仪相比，人是“尘土”（《诗篇》8:4），面对着自然的力量，他们可以“像一只飞蛾一样被压死”（《约伯记》4:19）。他们在世间的年岁短暂“如草”，又混杂着痛苦，“似一声叹息”。犹太人不止一次地想知道为什么神对人要稍作考虑。

犹太人对人性的看法的明显特征在于，它并非无视人类的脆弱，却继续肯定其说不出的宏伟。这里的“说不出”并不夸张，因为詹姆士国王版本的《圣经》，主张人类的位置仅仅“比诸神（或神）低一点”（《诗篇》8:5）。这一说法让译者觉得过于放肆，所以他们把神降低为天使，“比天使低一点”。从来没有人质疑《圣经》里面的人物的真实性。甚至是最伟大的英雄，如大卫，也毫无掩饰地被展现得如此真实，以至于《撒母耳记》被称为古代世界最忠实的历史文字记录。然而，不论多少写实主义也不能减少犹太人的抱负。虽然有时候是应该被称为“蛆和虫”（《约伯记》25:6）的生物，却也同样是神“冠之以荣耀和尊贵”的存在（《诗篇》8:6）。

说到犹太人对人性论的写实主义，到目前为止，我们强调了它对肉体限制的认识，但是对于犹太人来说，他们更重视道德的限制而不是肉体的。“我生而有罪，自母亲怀我时就是一个罪人。”（《诗篇》51:5）如果说这节诗是主张人是全然恶的或者性是邪恶的，那就完全弄错了。不过，这节诗篇的确为犹太人类学提供了某种重要的东西。“罪”这个字的词根意思是“达不到目标”，而这个民族却一直重复地这样做。他们的错误从来都不是预先注定的，犹太人从不怀疑人的自由。“我在你面前设置了生与死……因此选择生。”（《申命记》30:19）

最后，犹太人认为他们的神是仁爱的，因此可以说人是神的挚爱的儿女。在整部《圣经》最温柔的暗喻之一中，何西阿（Hosea）描绘了神将人视若学步的婴儿：

> 是我教以法莲人走路，我把他们搂在怀里，我用慈绳爱索牵引他们。——《何西阿书》11:3

我们所能想到的最具创造性意义的人类生存形象的要素是什么呢？去除了人的脆弱性，评估就不够现实了；去除了宏伟，抱负就减弱了；去除了罪恶，感伤就会带来威胁了；去除了自由，责任心就会磨灭。最后，去除了神性之爱，生命就变得疏离。就这2 500年之间所发现的有关人的生命的种种而言，我们很难在犹太人的评估中找出一点瑕疵来。

历史的意义

当我们问到历史是否有意义的时候，什么会受到挑战呢？是我们对社会秩序以及其中的集体生命的整个态度。倘使我们判定历史是无意义的，那么随之而来的是，生命中的社会、政治以及文化脉络都和我们无关。我们的任务是尽可能地超越它们，不管它们是否与我们相关。

希伯来人对历史的评估正好与这种漠不关心的态度相反。首先，它是重要的，因为他们相信生命所生活的脉络，在每一方面都影响着那个生命，为它制造了问题、勾画出机会、限制了结果。第二，如果环境是重要的，那么集体行动也是一样，我们通常称之为社会行动。有时候唯一可以改变事物的方法就是协同合作——计划、组织，然后集体行动。第三，历史对犹太人重要，是因为他们视它为一个充满机会的场地。由于它是处在神的统治之下，历史中所发生的事没有一件是偶然的。雅威的手在每一事件中都有所作为，对于那些有智慧的人来说，这都是有教育性的经验。最后，历史是重要的，因为生命的机会并非完全相同。事件虽然都很重要，但是有的却是具有决定性的，例如亚伯拉罕的召唤，以及立刻想到的《出埃及记》等。历史必须小心应付，因为机会稍纵即逝。

最后一点，（事件的独特性以及某些事件的决定性）在《希伯来书》中做了概括：（1）神在某些重要时刻会直接干预历史；（2）选民要接受神的特别挑战。上述两点在亚伯拉罕的史诗中都有生动的叙述。注意到人类历史的败坏，神并不是无动于衷的。神召唤亚伯拉罕，要他到一个新的地方建立一个新的民族，这是一个决定性的时刻。因此亚伯拉罕回应了雅威

19 世纪西班牙犹太教堂中犹太教律法书的封面。

的召唤。他成了第一个希伯来人，第一个“选民”。

我们需要回到“选民”这个话题上，不过目前我们必须要问，是什么给予犹太人对历史意义的洞见。我们已经注意到了他们在历史中所找到的那类意义。是什么让他们看到历史是体现这个意义的？

对印度来说，人类命运是完全在历史之外的。对于以色列的邻人们来说，人的命运的确是在历史之中，不过是在当下创造的历史之中，因为他们相信社会秩序如自然律法一样是不可更改的。以色列人的历史观与印度及中东很多地区都不同，这是因为他们对神有不同的观点。如果认为物质世界不重要，神就不会创造它；同时，作为物质世界的创造者，神不会仅限于此。把神及其所造之物保持明显区别的结果是意义重大的，因为它意味着“应该如此”，而不是“实际如此”。神的意志超越（并且通常不同于）历史上发生的一切。

通过这种双重的手法，既把人的生命与自然秩序坚实地联系在一起（在历史上，作为自然的人类阶层），却又不将之限制在那秩序之中（因为神的意志形成了一个与自然不同的秩序），犹太人所创造的历史是既重要而又有待审查。对于犹太人来说，历史总是处在雅威的意志与人类未能配合这些意志之间的紧张中。结果，犹太教奠定了社会良知的基础，并且成为西方文明的历史性标志。当事情不是如它们应该的那样的时候，就会需要某种形式的变化。先知们确立了模式。“受到宗教承认的保护，犹太人的先知们成为一股改革的政治力量，在随后的世界史中从未被超越过，也许没有能与之比肩的力量。”

道德的意义

人是社会的动物。若一旦出生之后就与同类隔绝的话，他们就将永不能成为人；然而与他人共处时，他们往往行为野蛮。对道德的需求就是出于这两方面的事实。没有人喜欢道德规则，就像他们不喜欢红灯一样。但是没有了道德的约束，人的关系就会变得像交通堵塞一样混乱。犹太人编纂了法律，规定了他们认为生命所需要的那些限制。犹太律法包含613条戒律，举出其中的四条就足以达到我们的目的了：十诫中的四条伦理前提，通过它们来控制人类关系中的四个危险区域，即暴力、财富、性和语言。

18世纪摩拉维亚的哈加达副本中的一页，基于《出埃及记》故事的逾越节礼拜的传统秩序。

十诫在这些领域中所规定的，是使得集体生活成为可能的最低标准。对于暴力，他们事实上说：你可以争吵打斗，但是不可以在同一族群中杀人，因为它所引起的族群仇恨会粉碎社会，因此“你不可以杀人”。在性的问题上也是一样，你可以到处拈花惹草，甚至于乱交，虽然我们并不赞成这样的行为，也不以法律来追究你。但是如果双方或一方已有婚姻，我们就要介入，因为在婚姻关系中的不忠诚所挑起的激情是不能容于社会的，因此“你不可以通奸”。至于说财富，你可以随心所欲地积累很多的财富，而且善于经营，但是把别人的财富直接掠夺为己有，这是不允许的，因为这违反了公平竞争的意义，它造成的敌视将变得不可控制，因此“你不可盗窃”。最后，关于语言，你可以掩饰以及含糊，但是在某些时刻，我们要求你讲真话。如果纷争到了非要到法庭上才能够裁决的时候，法官必须要知道真相。如果你那时发了誓要讲真话却说了谎，那将会受到严厉的惩罚，因此“你不可作伪证”。

十诫在伦理层面的重要性，不在于其特殊性而在于其普遍性。他们所说的并非终极的话语，他们所说的话是必须要说的，其他的话才会随之而来。

公正的意义

西方文明中有两个信念要归功于一群我们称之为先知的杰出人物，远超越归功于任何其他人。这两个信念是：(1) 个人要对其个人直接的行为以及对其生活的社会结构负责；(2) 任何人民的未来很大程度上有赖于其社会秩序的公正。

从词源学上讲，先知“prophet”，是指为另一个人“说话”，或者是“代表另一个人说话”的人。在圣经时期，它是用来指“为神说话的特殊的一群人”。

回顾以色列的先知运动，显示它并不是一个单一的现象。摩西本人自成一格，但是先知运动却经历了三个阶段，在每一阶段中，神都以不同的方式发挥着作用。

第一阶段是先知群体。在这个阶段，我们没有遇到过个体先知，因为预言是一种群体现象，是一种集体的、自我引发的狂喜形式。在音乐和舞蹈的帮助下，一个先知队伍可以让自己陷入一种疯狂的状态中，其各成员也会丧失掉他们的自我意识而进入一种神性沉醉的集体海洋中。

在这个阶段中，预言是无关伦理的。先知们假定他们被神附上了身，只是因为那种经验带来了一股狂喜的力量。在先知运动的第二个阶段，伦理的元素加入了，这就是前书写时期个体先知的阶段。在这个阶段，像发射火箭般，先知群体中涌现出了个体先知——以利亚（Elijah）、以利沙（Elisha）、拿单（Nathan）等，不过由于预言还处于前书写阶段，所以还没有书籍来记载他们的名字。他们与支持他们的群体保持联系，然而已经不再依赖那些群体了。他们在孤单一人的时候接受神的降临，

《先知耶利米》 马克·夏加尔

以色列和犹太的先知们把社会正义的激情带进了以前只能被强权统治的世界。

神通过他们来表达关切。

拿伯（Naboth）的故事表明公正在那些关切中是何等重要。因为拿伯拒绝把他家族的葡萄园交给亚哈王，就被诬陷为亵渎和背叛神而被施以石刑；由于亵渎是重罪，他的财产被收缴后转给了国王。当这一事件传到以利亚那里，神就对他说："你去见以色列王亚哈，对他说，'神如是说。你杀了人还得了他的产业。狗在何处舔拿伯的血，也必会在何处舔你的血。'"（《列王记上》21:18-19）

这个故事对人类历史富有革命性的意义，因为它讲述的是一个普通老百姓因为被诬陷，以利亚以不公正为理由来声讨一个国王。我们要在历史上找类同的事是徒劳的。以利亚不是一位教士，对于他所发表的可怕判决，他自己是没有正式权威的。以当时常规的模式来看，他会被护卫当场打死。可是因为他代表一个不是他自己的权威来"说话"，这一事实是如此的明显，使得国王也承认以利亚的判决公正。

先知运动的第三个高潮阶段中涌现出了伟大的书写先知，如阿摩司（Amos）、何西阿（Hosea）、耶利米（Jeremiah）、以赛亚（Isaiah）等。像前书写时期一样，他们继续强调狂喜状态和伦理，不过这一阶段还有一项重要的发展。鉴于以利亚注意到神对于某个个体公然不公正的行为（例如亚哈王）的不悦，书写时代的先知们认识到，雅威对深植于社会阶层中的种种不正义的不满。

书写先知们发现，他们所处的时代充满了不公正、特权以及最恶劣不堪的不义。书写先知们认为这些道德罪行威胁着犹太民族的内部稳定，也威胁着犹太民族的国际地位。他们从雅威那里明白，以色列的腐败会招致其强大邻国亚述、埃及、叙利亚和腓尼基等的入侵。

这里，我们很容易错过先知洞察力的独创性，因此最好把这一点说清楚。这个时代的标准观点认为国际关系是由实力来决定的——要么是国家实力，要么是其中所涉及的民族神祇的力量。然而，对于犹太人来说，神祇和国家在雅威的游戏板上是分离的。遵从了上帝不可阻止的意图，胜利就会走向这个国家（民族）。正如“让公义像水一般翻滚，正义像巨大的河流一般泻下”。这里我们又一次发现犹太人选择了最能引起创造性回应的立场。如果民族的命运完全由其力量来决定的话，那么弱小民族所能做的就很有限了。因此，当其他民族认为只是力量的压迫时，先知们听从了神的警示，要清洗他们民族的不公正的行为，否则他们就会毁灭。

抽象地说，先知的原则可以表述如下：政治安定的先决条件是社会正义，因为就事物的本性而言，不公正是不会持久的。用神学的话来说就是，神有崇高的标准。神是永远不会容忍剥削、腐败和平庸的。

以色列和犹太人的先知是人类历史上最惊艳的群体之一。在道德沙漠之中，他们找到自我，他们的话语令世界从此永不能忘。他们来自各阶层，有的是老练的，有的则如他们所生活的山坡那么朴素而自然。不过，他们都有一个共通之处：单单从人性出发，相信每个人生来就是神的孩子，因此国王也必须尊重其拥有的权利。比起他们的同胞来，他们生活在一个更辽阔的世界中，其中王公们看起来很渺小，而强人的权威比起纯洁、公正和仁慈就微不足道了。因此无论何处的人们要在历史中为长期追求公正而努力寻求鼓励和启示的时候，他们最能在先知的响亮宣告声中找到力量。

受难的意义

在公元前 8 世纪到公元前 6 世纪期间，以色列和犹大国（Judah，译注：巴勒斯坦南部古王国）在叙利亚、亚述、埃及和巴比伦的侵略势力前摇摇欲坠，先知们在困境中找到了意义，认为神对犹太人正义的要求比较严格。“因为他们为了银子出卖义士，为了一双鞋子出卖了穷人，所以敌人必来围攻他们的家园。”（《阿摩司书》）这样的解释需要道德勇气，因为解释为听天由命接受失败或者假定神站在我们一边且将在最后一刻施以援手，会容易得多。可是高潮还在后面，失败不可避免。公

一个银盘子上详细刻画了犹太人在埃及受到的迫害。

元前 721 年，亚述人把北方的王国永远从地图上消除。公元前 586 年，南方的犹大国被征服了，尽管其领导阶层活了下来，却被囚禁于巴比伦。如果说有一个时期意义似乎已经穷尽，那就是在此时了。犹太人原本有机会，结果却失败了。现在先知们肯定会抓住人民的失败，用自得的口吻说："我告诉过你们了。"尽管这种反嘲不是先知们的词语。犹太人追求意义的过程中，最令人吃惊的事实是，当意义在犹太人所自掘的最深地层下耗尽时，先知们却更深地挖进去，从而发掘出一条全新的道路。如果没有这样的话，犹太人就会接受当时普遍的看法，认为胜利者的神强过战败者的神，这种逻辑将会终止圣经的信仰，从而也将毁灭犹太人民。

当犹太人否定了上述逻辑，他们就拯救了自己的未来。公元前 6 世纪一位先知写道，犹太人在巴比伦帝国做俘虏时，雅威并没有被巴比伦的神马尔都（Marduk）击败，历史仍然在雅威的控制下。这意味着以色列的失败必有其意义，对以色列人的挑战是要再看到这个意义。这时"第二位以赛亚（Second Isaiah）"所看到的意义并非惩罚。以色列人需要从这次失败中学习到一些东西，而他们的经验对世界而言也是具有救赎性的。

由学习经验这一方面来看，受难所启发的教训和洞见是其他东西所不能比拟的。在这个例子中，战败和放逐的经验教导了犹太人自由的真实价值，他们曾经对它不够重视。有一些流传下来的诗行，揭示了流离失所的以色列人精神的痛苦——他们多么沉重地感觉到囚禁他们的枷锁，如何狂热地渴望着他们的家园。"我们在巴比伦的河边坐下，当我们想起锡安山，我们就开始哭泣。"不过犹太人自己从他们的被囚遭遇中所学到的，并非他们受难的唯一意义。神乃是利用他们来把所有人都需要、却被安逸和自满

大卫之星以一种超现实主义的方式画出来，并且标上了犹太人信仰中心的象征。

一位埃塞俄比亚的犹太人在读手稿。在犹太教中，神圣和历史是不可分割的。

蒙蔽而看不见的洞见引进历史中。特别的是，雅威通过犹太人的受难，在他们的心中点燃了他们对自由和公正的热情，这种热情会传播给全人类。

> 我令你作外邦人的光，开盲人的眼，领被囚的出牢狱，领坐在黑暗中的出监牢。——《以赛亚书》42:6-7

抽象地说，犹太人在他们的放逐经验中，所找到的最深刻意义是代人受难的意义：进入到自愿承担痛苦的生命，以使他人的苦难得以减免的意义。

救世主信仰的意义

虽然犹太人能够在他们的受难中找到意义，但这意义对于他们来说却在救世主信仰（Messianism）中达到顶峰。

我们可以通过一项显著的事实来解释这一概念。历史在不断进步是西方的一种观点——至于说其他民族已经吸收了这一点，则是他们从西方得来的。对于这一点还有一种解释，其他文明的观念是由其统治阶级所铸造的，这些统治阶级往往满足于现状。而在犹太文明形成的大部分时期，犹太人不是被压迫就是无家可归。他们是失败者，而失败者只有唯一的方向，即向上看。犹太人的希望和力争上游的想象力浇灌了西方人的心灵。即使不能确信，明天会变得更好也是可能的。

如果人们能把自己的希望更具体地表现出来，往往能赢得更多的人心，因此，最后犹太人把他们的希望人格化到即将来临的救世主（或者"被选中的"人）身上。在巴比伦的放逐期间，犹太人开始希望有一位救世主，能够令"放逐者聚集"在他们自己的家园。在公元70年，犹太圣殿第二次被毁之后，犹太人期待救世主扭转由此产生的犹太人各地离散的局面。

从此之后，救世主的观念逐渐变得复杂了。首先，一个分歧在于总是被希望燃起的救世主思想开始具有两面性：政治国家的一面（预见犹太人战胜敌人以及在世界事务上将犹太人提升到重要的地位）和精神的、普世的一面（他们在政治上的胜利会伴随着世界性的道德上的进步）。根据描述场景的不同，这个希望在这两个方面之间来回摆荡。

第二个分歧体现在救世主时代来临的方式上。有些人期待救世主真的会出现，而有些人认为神会指派一位代理人直接来干预，从而为世界带来一个普遍和谐的时代。

第三个分歧所反映的是犹太教之中的复国和乌托邦的冲动。复国的救世主想要把过去的情况加以重新创造，特别是现在理想化了的大卫王式的君主制。但是救世主也配合了犹太教向前看的冲动，因此预见一种前所未有的事物状态的乌托邦的版本。

最后，救世主义者在新秩序是否延续先前的历史，或者动摇整个世界的根基，而（在末日）代之以一个迥然不同的永世等观点上各有不同。当犹太人的势力随着欧洲之兴起而衰退时，他们越来越寄希望于奇迹般的救赎，这远超过了夺取军事胜利的渴望。救世主的时代随时会来临，如山崩海啸般突发地来临。

在上述的四种分歧中，选择在本质上虽然彼此相反，却又深深地互相纠结在一起。救世主的观念由于其组成成分的对立所产生的紧张性，而得以凝聚和保留了它的活力。这一思想的活力被证实是有感染性的，基督教把它重塑为基督的第二次降临。在 17 世纪的欧洲发展出历史进步的观念，马克思也描绘了无阶级的社会梦想。

不过，无论我们在犹太人的、基督徒的、俗世的或异端的版本中所解读的救世主思想多么不同，其潜在的主题则是同样的：“将会有美好的一天！”

生命的神圣化

到目前为止，我们探讨的都是犹太人努力地想从他们的经历中找到意义时出现的情况，现在我们该看看他们实践的时候了。因为犹太教不是一个思想正统，而是一个行为正统的宗教，它没有颁布任何官方的教义，但是其典礼和仪式（例如男性的割礼和安息日的晚餐）却是明确的。

在转向犹太人的仪式之前，我们先简短地谈谈一般的仪式会比较好，因为到目前为止，在本书中还没有直接谈到它。从狭隘理性的或功利的观点来看，仪式是无聊的，浪费了那么多的时间和金钱，然而它起到的作用却是无可取代的。一方面，它可以帮助我们在不熟悉的环境中舒缓地度过。在某些无关紧要的小事中，就像遇到陌生人时，相互握手并且说“很高兴见到你”，仪式能缓解我们的尴尬和别扭。从这样简单的小事开始，仪式可以延伸到死亡。当受到丧失亲友之痛的打击，如果我们不得不只靠自己来想办法度过这个考验，那么我们很可能会完全崩溃。这时，仪式会疏导我们的行为和感受。它令人们正确地看待把这一特殊的死亡与其普遍的原型连接起来。“尘归尘，土归土。”——这句话并没有说是谁的尘，因为这是每一个人的，我们所有人的。仪式也能唤起勇气：“主给予的，主拿回去；以主之名祝福！”在快乐的时候，仪式能够把快乐提升为喜庆，例如婚礼、生日以及最简单的一顿家庭晚餐。在这一天最好的一顿饭中，或许这是一家人在一天中第一次轻松地团聚在一起，饭前的祷告可不仅仅是晚餐的开始，它能使这个场合神圣化。

对仪式在一般场合中的地位进行了观察之后，我们现在来看看仪式在犹太教中的地位，它的功能是要神圣化生命——理想地说，神圣化所有

安息日的桌子上的摆设

犹太教的法律支持生活中美好的事情，诸如吃饭、结婚，但是前提是它们要被神圣化。

的生命。这发生在犹太人认识到这整个世界都是属于神的，也就是属于雅威。达到这种正确认识的途径就是虔诚。虔诚的反面是认为生命中美好的事物大多是我们自己努力的结果，因此在接受它们时以为理所应当，与神没有关系。在犹太法典中，人们在吃喝之前不做祷告谢恩，就如同强抢神的财富一样。犹太法律认可生命中美好的事物（吃、婚姻、孩子、自然），而前提是把它们全部提升到神圣领域。它教导人们应该吃，前提是他们应该在上帝面前布置餐桌；它教导人们应该喝，前提是用酒来祭献安息日；它教导人们快活，前提是他们应该围着犹太经典跳舞。

当我们问这一神圣的意识是如何能够禁得住生命千篇一律的冲击时，犹太人回答道："通过把生命根植在传统中。"如果不去注意它的话，人对神奇和神圣的意识会偶然激荡，但是想要它成为稳定的火焰的话，就需要去照顾它。要做到这一点的最好方法之一，就是令自己专注在每一世代都大声呼告着神的庇佑和恩惠的历史中。作为所有宗教中最富历史思想的宗教，犹太教发现神性和历史是分不开的。把他们的生命根植到过去之中，犹太人从神的清楚可见的行为中汲取滋养。安息日夜晚的蜡烛和奉献杯、带有各种象征的逾越节餐宴、赎罪日的素朴庄严、新年的号角之声、装饰着胸甲和皇冠的犹太经典书卷——犹太人在这些事物中找到的正是那不亚于生命的意义，也就是多少世纪以来都确定无疑的神对其子民的伟大美意。

启示

我们追踪了犹太人对人类经验中的主要区域的阐释，发现他们比他们地中海的任何邻人都更能深刻地掌握意义。这就产生了一个问题：是什么产生了这样的成就？犹太人说他们不是靠自己达到这些见识的，而是神将真理启示给他们。

“启示”就是透露，作为一个神学概念，它的意思是神圣显现（启示）。犹太人把雅威给他们的启示放在《犹太法典》以及对它的评论中。不过，这样做其实是本末倒置了。因为经文记录的是行为，神最初也是最重要的，是通过这些行为将自己显现出来的。这些行为中最具有决定性意义的是出埃及记，在那桩令人难以置信的事件中，神把一群没有组织的、被奴役的人民，从当时最大的强权手中解放了出来。这个事件不单令以色列自此成为一个国家，而且也是让他们了解到雅威性格的第一项明白的行动。

神是犹太人逃离法老事件的直接参与者，犹太人对此没有丝毫怀疑。从现有的任何社会学的律则来看，犹太人首先就不应该成为独特民族，更别说存活下来。可是事实却是，一群人数不多、关系松散的人，没有真正的集体身份而又被奴役在当时的强权之下，却成功地逃走，避开了追逐者的战车。对于犹太人来说，他们的解放不是靠他们自己就能够做到的，这就是一个奇迹。“我是雅威，你的神，曾将你从埃及的为奴之家领出来。”（《出埃及记》20:2）

在《出埃及记》中，犹太人生动地体验到神的拯救力量，因此他们就以这次神干预的视角来省察他们早期的历史。由于他们的解放显然是由神发动的，是什么样的一系列事件引发到这一步的呢？推动亚伯拉罕

丰收后的第一批水果被运往耶路撒冷。

离开他在乌尔的家，向迦南踏上那漫长、未知的旅途的，并非漂泊的冲动。雅威召唤他如父亲般保护一个有特殊命运的民族。通篇历史都是如此：以撒和雅各靠天佑而受到了保护，以及约瑟在埃及为了维护神的子民免于饥饿的清晰目的而使其地位得以提高。从《出埃及记》的观点来看，一切都十分明了。从一开始神就在领导、保护，并通过在以色列建国中起决定性作用的出埃及记事件塑造着他的人民。

那么，《出埃及记》所揭示的神的本性是什么呢？首先，雅威是强大的——能够胜过当时最大的强权，以及支持这些强权的任何神祇。可是同时，雅威是善和爱的神。虽然这对于外人来说并不是那么明显，对于其直接的领受者——犹太人来说却是再明显不过的。他们的感激多次爆发成诗歌："以色列啊，你是有福的，谁像你——这蒙雅威所拯救的人民呢？"(《申命记》33:29)。他们究竟做了什么，才配得到这奇迹般的解救呢？远非他们所能看到的，对他们来说，自由就像一种绝对的、无理由的恩典行为，这是雅威对他们出其不意的、令人吃惊的爱的明证。

除了神的威力和爱之外，《出埃及记》展现出一位极端关怀人类事务的神。四周的神祇们主要是自然神，相比之下，以色列人的神并非通过太阳、风暴或者富饶，而是在一历史事件中降临到他们身上。这把以色列的宗教议程永远地改变过来了。犹太人再也不去做取悦自然威力的事了。他们将注意力集中在雅威的意志中，并努力去实现它。在《出埃及记》中显现出神的三个基本特点——神的威力、善以及对历史的关切，犹太人对神本性的其他见识也就随之而来了。神的本性是善的，因而他要求人们同样也成为善的；接着就有西奈山、十诫被视为出埃及的直接推论。先知们对正义的要求，是把神对品德的要求拓展到社会范围，机构性的组织也要负责任。最后，受难必须具有意义，因为一个奇迹般拯救了自己的子民的神会完全放弃他们是不可思议的。

我们通过犹太人对意义的渴求而进入本章，但是，随着我们对宗教了解的加深，我们就明白还要重新对其加以解释。意义是掌握住了，但是（从犹太人的观点来看）并非因为他们特殊恳求才有的。意义是启示给他们的，但是神为什么把这种启示给了犹太人呢？他们自己的答案一直都是：因为我们被选拔了出来。这就产生了一个问题。犹太人已经开始认为雅威是他们独一无二的神，而他们也立即地开始把他看作是所有民族的神。那么，到底为什么雅威把启示给了他们，并且似乎只有他们呢？

选民

犹太人选民的教义一开始看起来十分通俗（几乎所有的民族都以为他们自己是特殊的），但是很快就令我们吃惊了。因为不像其他民族，犹太人被选拔出来是为了承担责任而不是享有特权。他们被选出来去服务并且通常要承受那些服务所带来的考验。他们被要求“去奉行和服从神所说的话”，比起他们的同辈人，神强加给他们更高的道德要求，而且并不仅限于此。我们看到了第二代以赛亚“代人受难”的教义，意味着犹太人被选出来承受苦难，才不至于使苦难更广泛地波及其他人民。可是问题还没有得到解决。假定神召唤犹太人去经受英雄般的折磨，而不是去做挂名的闲职；事实上，他们被选拔出来在拯救世界的过程中担任特殊角色，这看起来仍然像是被偏袒了。

这引起了怨恨。由于与民主精神相悖，这引发了一个特别的神学术语来描述它：特殊性的丑闻。这一教义认为神的作为会像一个取火镜一样集中在特殊时间、地点和人身上，当然，要为了人类普遍的利益来着想。我们无法证实这一教义，但是我们能够了解犹太人为什么接受了这个概念，以及这个概念对他们有什么意义。

传统婚宴上的盘子。

我们在探究是什么令犹太人相信他们被神选中时，不采取“民族自大狂”这一明显的可能说法，而是把握前面已经讲述过的历史事实。以色列经历了非凡的事件，一群饱受折磨的奴隶粉碎了暴君的枷锁，而被提升到一个自由、自尊的民族地位上，建立了自己的国家。此后他们几乎是即刻就了解了神，远超过他们邻人所了解的，并由之引申出道德和公正的标准，到现在仍然挑战着世界。经过随后的 3 000 年，他们在难以置信的遭遇和逆境中继续生存，其对文明的贡献之大与他们人数之少简直是不成比例的。即使是客观的评价，也必须承认犹太人的故事是独特的。历史学家们认为，犹太民族的提升和他们的持久力，在理性上是无法解释的。

犹太受戒龄少年的受戒礼

犹太教信仰中年轻人的启蒙礼。

耶路撒冷寺庙的西墙。

如果事实果真如此，那么有两种可能性——要么归功于犹太人自己，要么就应该归功于神。作这样二选一的选择时，犹太人本能地将功劳归之于神。这个民族的突出特点，是他们一直认为作为一个民族来说，他们在本质上并没有什么特别之处。因此犹太人经验的特殊性，必然是源于上帝选中了他们。选民，这一概念起初似乎是自大的，最后却变成犹太人对他们的出身、幸存以及对文明所作的杰出贡献的事实，所能给予的最谦卑的阐释。

当然，即便这样，也有可能会令人憎恨其特殊主义，不过我们必须要问，如果这样做的话，是不是会对我们自己的世界也憎恨。因为不论喜欢与否，这是由一个特殊性构成的世界，人们也背负着它。任何事情除非从其背景中跳脱出来，不然人们是不会注意到它的。如果我们把这个论点应用在神学上，能够得到什么样的结果呢？神可能通过我们呼吸的空气，如同通过其他礼物一样，来祝福我们，不过如果必须要等到人们从得到氧气来推断神的善，才会对神有虔敬的话，要等到那一天还要很长的时间。

从历史来说也是一样的。如果从压迫中被解救出来只是寻常之事，犹太人就会认为他们的解放是应该的。由于人的愚钝——事实上神的宠爱能够包容人类如同大海包容鱼儿一样，人们如果认为宠爱是理所当然的，就会认为这是平淡无奇的。因为如此，或者只有通过例外的、独特的行为，神才能得到人们的注意。

今天犹太人对选民教义的意见是有分歧的。有的犹太人相信它在圣经时代所具有的有用性和客观有效性已经丧失了。还有的犹太人则相信除非世界的救赎已经完成，否则神仍然需要选出特殊的人群来完成神在历史中的工作任务。

以色列

至此，我们所谈的一切都发生在圣经时期，不过犹太教当然不止于此。在公元 70 年，罗马人摧毁了犹太人从巴比伦放逐回来之后所重建的耶路撒冷圣殿，犹太教的焦点就从圣殿中的奉献仪式，转移到对整个经典，以及相关学院和犹太教堂中的口述传统的研究上。因此不再是祭司，而是教士把犹太教维系在一起。教士的犹太教基于戒律之上，而以毕生努力研究经典为目标，犹太教因之得到了一种独特的、知性上的层面和性格。教士的成就是保持犹太教得以维持两千年而不离散，这是历史上的一项奇迹，不过在简单了解这一点之后，就让我们跳过两千年的共同时代来看 20 世纪，以结束本章的内容。

犹太教是一个民族的信仰。作为其特征之一的，就是它本身包含了对一个民族的信念，相信犹太人在历史上已经扮演以及将要扮演的角色的意义。

在圣经时期，犹太人需要找到身份认同（保持他们独特的观点，而不愿与周围的多神教观念妥协、和解）。在他们长时间地寻求在欧洲聚居时，一种持续的身份认同强加在他们身上。特别是随着法国大革命带来的犹太人的解放，世界已经不再要求他们维持他们的身份，这是不言自明的。

对它的持续性的辩论就有不同。有的犹太人坚持上节中所说的宗教主题：既然神选中以色列人作为特别的善的载体，那么这一载体的形态和优势应该要保持。其他的犹太人则主张特殊性应站在文化多元化的立场上。在两种基本观点的背后存在一个问题，到底犹太人的身份认同是由什么组成的呢?

不是教条,因为一个人并不一定要相信什么至高存在才能成为犹太人。犹太教像是一个圆圈,是一个整体,却可分成汇聚在同一中心的各个部分。没有哪一个部分是一定要有的,不过如果一个人能包含的部分越多,他就越像是犹太人。

一般来说,犹太教精神组织由四个伟大的部分构成,分别是信仰、仪式、文化以及民族。本章的大部分篇幅都描写了希伯来信仰的内容。犹太人认知其内容所采取的角度,跨越了从原教旨主义(Fundamentalism,或称基本教义派)到极端自由主义,但是他们的信仰所注视的方向则大多是相同的,对于犹太教的仪式也是一样的。对于某些仪式(如安息日、饮食律法和每日祈祷等),不同团体的犹太人的解释和执行都有所不同。但是其意图都是一样的:把生命神圣化。正如我们已经描述过的。此外,还有有关文化和民族的一些阐释。

波希米亚犹太法典上的王冠。

文化,包括风俗、艺术形式、幽默风格、哲学、文学和其他很多内容。在此我们将只限制在三种成分上:语言、口头传说以及与这片土地的密切关系。

犹太人的口头传说是显而易见的,因为圣经的名字和故事已经贯穿到整个西方文化中。对于这些,犹太人加上了犹太法典，还有一大套作为后圣经时代犹太教的基础的有关历史、律法、民间故事和评注的概要等。随后又辅之以犹太法学博士的圣经注释，其中包含了几乎有相同分量的传说、注释，还有在中世纪后期圣经正典的制定、完成之前开始发展的训诫。所有这些为学术、掌故和文化认同提供了无尽的宝藏。

对于犹太人来说，他们的语言和土地分别是希伯来语和以色列。因为正是通过希伯来语，启示降临到犹太人身上，两者都因为它们与神圣的联系而成为神圣的。

犹太人祈祷时全部或者部分使用希伯来语，而圣地的意识使他们在阅读犹太经典以及研究犹太教士文献时显得生动有力。但是说到这片土地，就进入到整个犹太教的第四个组成部分——它的民族。我们生活在巴勒斯坦第一次回归给了犹太人的这样一个世纪中，而犹太人自从公元70 年就被迫四处分散了。

1948 年，现代国家以色列建立的原因是复杂的，除了强大的宗教推动回归之外，主要的动机有以下四个方面。

(1) 从安全考虑的论点。1938—1945 年期间，纳粹发动的大屠杀使得许多犹太人确信犹太人在欧洲生活是不安全的。

(2) 心理上的论点。有的人确信，让犹太人以少数人的身份散处各地，在心理上是不健康的。

(3) 文化上的论点。犹太教的实质内容愈见稀薄，它的传统正在流血至死。世界上总得有个地方让犹太教作为主要的民族精神之所在。

(4) 社会的、理想国的观点。世界上应该有个国家致力于先知的理想和伦理历史的实现。远在大屠杀之前，一小部分坚决的犹太梦想家成功抵达巴勒斯坦，开始打造一种他们得以在各方面自由规定其存在的生活。

无论令他们创立以色列的理由是什么，它是被建立起来了，而其成就是令人印象深刻的。土地开垦、接待犹太人移民、为劳工阶级提供资助、群居生活的新模式、知性和文化的活力——所有这一切结合起来，使以色列成为一个令人兴奋的社会试验。

不过，20 世纪犹太人也遇到了两个恼人的问题。第一个与集体大屠杀有关。在面对一个允许这种暴行发生的神时，选民的概念有什么意义？

另一个问题与我们提到的以色列的建国理想的观点有关。犹太人几乎为西方文明写下了有关自由、公正理想的原稿，现在却发现他们自己在抑制这些权利——许多犹太人相信是为了安全的理由而被迫这样做的——他们因为 1967 年的战争胜利而占领了巴勒斯坦的土地。

我们并不认为能够回答这些问题，却能够了解压在这样一个特别有责任心的民族的良心上的重担。面对其严重性，事实上，至少在政治上，他们现在可以鼓起勇气去正视自己的问题。

绘有大卫之星的国旗飘扬在他们精神的家园之上，此时犹太人心中的主要思想是：以色列人民活着！当这一切都在发生的时候，能够活着是多么美妙啊！

15 世纪俄罗斯艺术家安德烈 · 鲁布列夫所画的《三位一体》。

第八章

基督教

“因为上帝如此爱世人，
他奉献了他唯一的生子……”

菩萨被描绘成善良的牧羊人形象，表明基督教和佛教之间的相似性可能比其初看时更近一些。

历史上的耶稣

在所有的伟大宗教中，基督教流传得最广，并且拥有最大数量的信徒。从这一通常令人困惑的复杂体中，我们首先要弄清楚联结此一宗教的中心组成部分到底是什么，还有就是它的三个主要分派：罗马天主教、东正教和新教。

基督教以耶稣生活的拿撒勒（Nazarth，今以色列的北部城市）为中心。我们所掌握的传记资料是很少的。可能是在公元前 4 年左右，他出生于巴勒斯坦地区。他在拿撒勒附近长大。他受洗于先知约翰，一位宣告神即将来临的审判而震惊该地区的热诚先知。他在 30 岁出头的时候，从事教导兼治疗的工作，持续了一到三年的时间。不久就招致了自己一些同胞的敌意和罗马方面的疑心，他被钉死在了十字架上。从确定耶稣生命框架的这些事实中，我们会想要知道他的生活到底是怎样的。

就最低限度来说，耶稣是一位具有超凡魅力的奇迹施行者，他固守着可以一直追溯到希伯来历史开端的传统。构成该传统的先知和预言家担任着日常世界和圣灵世界的中介人。他们从圣灵世界汲取力量，用来帮助人们以及挑战他们的做事方法。我们应当思考这个圣灵世界，思考耶稣如何运用从那里汲取的力量来减轻人的痛苦，并且寻求重建一个新社会秩序。

（1）“主的圣灵在我身上。”

根据路加的说法，耶稣引用以赛亚的这项声明开始了他的神职工作，并且说：“今天这一经文已经实现了。”

这种圣灵的秩序主导着耶稣生活的圣经传统，它包括天使和其他看不见的存在，不过，圣灵仍是以雅威为中心的。为了强调圣灵的优越性，犹太人把它描述为在大地之上，不过这只是想象。两者并非在空间上相分隔，而是在不断的相互作用中。圣灵是可以被感知的。雅威会定期地通过先知来说话，同时，人类也可以主动地与它接触。禁食和独处就是两种重要的方法。在守夜仪式中，寻求者把自己完全沉浸在圣灵中，当回到世界中来的时候，他们往往会拿出证据，证明他们已经与圣灵有所交流并获得了力量。

施洗约翰在沙漠中布道

他自己的头在自己脚下的盘子里。15 世纪希腊刻在木头上的肖像。

耶稣所处的犹太传统向来就有许多充满圣灵的中介者，这是理解他历史事业的最重要事实。他在这个传统中最接近的先驱就是施洗者约翰。约翰在为耶稣施洗的时候，见证了耶稣的精神力量，使他张开了精神之眼，看到“诸天打开了，圣灵像一只鸽子般降临在他身上”。既然已经降临，那圣灵“驱策”耶稣进入荒野之中，在那里经过 40 多天祈祷和禁食，他体证了进入他生命的圣灵。完成之后，他重新回到这个世界，充满了力量。

《基督从圣殿中驱逐商人》 艾尔·格列柯 英国伦敦国家画廊
耶稣掀翻了货币兑换人的桌子。

（2）“我用神的圣灵驱走魔鬼。”

犹太人毫无疑问地接受了圣灵的优越性超过自然。圣经中“圣灵充满”的人物拥有力量，说他们有魅力即是说他们拥有引人注意的力量，不过，他们吸引人注意的原因，就是他们拥有的超自然的特殊力量。他们“拥有某种东西”，正如我们所说的——某种一般世人没有的东西。那种东西就是圣灵。圣经中常常把他们描述为“充满了圣灵的力量”。他们治疗疾病、驱赶魔鬼、偶然会平息风暴、分隔水流、令死者复生。福音书详尽地把这些力量归之于耶稣。

的确，耶稣原本可以成为一名犹太治疗人和驱魔之人，并不会吸引当地人以外的人更多的注意。使他超越他的时空的是，他用那圣灵的方式不只要治疗个人，而且——这是他的渴望——更要从他自己的人民开始治疗人类。

（3）“你的国度将在世上来临。”

在政治上，耶稣时代犹太人的地位是令人绝望的。他们在整个世纪的大部分时间里都被罗马奴役，除了丧失自由之外，还被征收令人无法忍受的重税。他们对于所处的困境，有四种反应。撒都该人（Sadducees）一般较为富裕，主张尽量利用不利情况，使自己去适应希腊化文化和罗马的统治。另外三者的立场则是希望改变，其中的两者支持复兴运动。爱色尼人（Essenes）认为世界太腐败了，以至于无法让犹太教在其中复兴，因此他们就脱离了出来，退居于财产公有的社区中，并致力过一种严格的虔敬生活。另一方面，法利赛人（Phariees）继续留在社会中，通过严格执行摩西律法，特别是其神圣法典，以恢复犹太

11 世纪手稿，显示了耶稣的神迹。

教的活力。第四种立场的代表者认为，只有通过武装反抗才能带来改变，公元66—70年的灾难性的反抗行动最终导致了耶路撒冷圣殿的第二次毁灭。

在这样的政治旋涡中耶稣引进了第五种选择。不同于撒都该人的做法，他要改变。不同于爱色尼人的做法，他留在世界之中。不同于那些鼓吹武力的人，他称赞和平制造者，并且极力主张连敌人也要去爱。与耶稣最接近的是法利赛人，他们之间的差异只在于强调点的不同。法利赛人强调雅威的神圣性，而耶稣则强调雅威是富于同情心的。最初两者的差异看来是很小的，而事实上要一个单一的宗教来迁就这样的差异性，却证明这个差异太大了。

法利赛人的纲领基本上是这样的：由于雅威本身是神圣的，他也要神圣化这个世界。为了完成这个目标，他选择了犹太人为他在人类历史上建立一个神圣的滩头堡。在西奈山上摩西制定了一个神圣法典，由于犹太人疏于遵守神圣法典，致使他们堕落。唯有全心全意地回到法典上

才能扭转他们的命运。

耶稣赞成其中的大部分，但是他不能接受在这神圣纲领中的其中一项：在人民之间所画的分界线。首先是把行为和事物分为洁或不洁（比如食物及制作），接下来按照是否尊重这种不同而把人分类。结果就是一个被界线分割的社会结构，把人们分为洁的与不洁的、纯洁的和污损的、神圣的和粗俗的、犹太人和非犹太人，义人和罪人。耶稣把这些社会的分界线看作是对雅威同情心的亵渎，他漠视那些划分。这一切使得他成为一位社会的先知，挑战着现存秩序的分界，并且提倡人类社群的另一种愿景。

重要的是要强调问题不在上帝的怜悯心上，而在于神圣法典所建构的社会体系是否为怜悯的。耶稣认为，正是因为社会制度并非怜悯的论点，使他与法利赛人意见不一，可是他的抗议没有成功。但所引起的社会反响却足以惊动罗马当权者，使得耶稣被捕并以叛乱罪名被处死。从此以后，“耶稣的子民”的未来就置放在这更广大的世界中。

信仰的基督

我们如何从历史上的“耶稣”之生命和工作，转移到他的追随者所信的道成肉身的神，即那位“基督”身上呢？在耶稣死亡之前，其弟子们并没有作出那个结论，不过就算他在世的时候，我们已经能预见到朝这个方向发展的趋势了。在前面的段落中，我们已经试图客观地描述了耶稣生命中的一些事实，现在我们要看看门徒眼中的耶稣——看见耶稣做了什么，听到他说了什么，以及感觉到他是什么。我们先从耶稣所做的事情开始。

（1）他到处在行善事。

福音书中充满了耶稣行神迹的描述，不过我们如果把重点放在这里，就是不妥的了。因为首先耶稣并不强调他的神迹，几乎所有他的神迹，都是远离人群、悄悄执行并且作为一种信仰力量的证明。如果我们把重点放在耶稣的一个门徒所强调的事上，我们就会对他的行为有更清晰的认识。有一次，在对一群人演说时，彼得觉得有必要把耶稣一生的行为概括总结一下，他说：“他到处在行善事。”在平常人和不能适应社会的人中间轻松而毫无矫饰地穿梭着，治疗他们、劝告他们，耶稣周游四方行善事。他全心全意所做的一切善事，让他身边的人们经常对他另眼相看。他们发现自己在想：如果神圣的善要以人身来显现自己的话，就应该是这样的。

（2）“从来没有人像这样说话的。”

然而，让耶稣同时代的人对他另眼相看的理由，并不单是他的行为，还有他所说的话。

如果分开来看耶稣的教义，就会发现它们每一项都有与《旧约》和《犹太法典》中类似的内容；不过，如果你把它作为整体来看，就会发现，它们有一种生动性和迫切感，完全是一手资料，这使得它们令人耳目一新。耶稣使用的语言本身是令人着迷的。它是简明扼要的，很容易分辨什么是重点所在；但是，耶稣的语言是那些看重平衡论断的聪明人所不能说出的。如果你的手冒犯了你，那么砍掉它；如果你的眼睛阻挡在你和那最好的之间，把它挖出来。耶稣说骆驼穿针眼，说人们专心致志地把蚊蚋从饮料中挑出来，却不在意骆驼队已经开进了咽喉要道。他描写的人物，外在生活是富丽堂皇的，而内在生活却散发出腐尸的臭气。这可不是为了修饰效果所用的语言。这语言乃是其信息的一部分，是被迫切感的驱策引发出来的。

俄罗斯诺夫哥罗德的壁画中耶稣的形象。

那么，耶稣用这样的语言想要说明什么呢？尽管从数量上讲并不多，但他的教义可能是历史上被重复次数最多的，譬如“爱你的邻人如爱你自己一般。”“你要人对你做什么，你也要对他们做什么。”“到我这里来，所有劳苦的人和负担很重的人，我会给你们休息。”“你该知道真理，而真理必使你自由。”不过，他更多的是讲一些故事，讲播种者出去播种、讲珍珠商人、讲乐善好施的撒玛利亚人。人们听到这些故事都

西斯廷教堂的壁画

画的是山上的训诫（左），以及耶稣治好麻风病人的神迹。

被感动得大声惊呼："这个人说话有权威……从来没有人这样说话。"

他们大为惊奇，如果我们能够回到当时的情境中的话，我们也会被震惊的。因为耶稣说的是"不近人情的话"，表达的是与世俗相反的价值。他要我们不要对抗邪恶而把另外一边脸转过来让他打，而世界则断定邪恶是我们必须竭尽所能来加以对抗的。他告诉我们要爱我们的敌人，并祝福那些诅咒我们的人，而世界则断定朋友是要去爱而敌人是要去恨的。他告诉我们太阳同样地照耀在义人和不义的人身上，而世界则认为这是不分青红皂白的。他告诉我们，被逐之人和娼妓会在许多看似正直的人之前进入天国。这再次有悖常理，因为世界认为令人尊敬的人应该走在前面。他告诉我们，得救之门是狭窄的，而世界则希望它宽阔一点。他告诉我们要像鸟儿和花一般地无忧无虑，而世界则劝告我们要审慎。他告诉我们，有钱人要想进天堂比骆驼穿针眼还难，而世界则是爱慕财富的。他告诉我们，那些谦卑的、哭泣的、仁慈的和心中纯洁的人是快乐的人，而世界则假定有钱的、出身好的、有势的人才是快乐的人。一阵自由之风将这些教导吹来，使这个世界想要用拖延来抛开这一切——"还不要！还不要！"

想要明白耶稣的非凡训诫的真正含义，唯一方法就是要明白它们是出自这样一个信念：神绝对地爱人，而从不去考虑人值不值得。如果人们有需要，我们就把斗篷和大衣给他们。为什么呢？因为更重要的是，神给了我们远超出我们需要的东西。为什么我们要陪同别人一起走下一里路呢？因为我们深深地、完完全全地知道，神要我们生下来就得走更长远的路。为什么我们不仅要爱我们的朋友还要爱我们的敌人呢？因为神把人们罪恶的心情释放进来，让自己的阳光照耀到它。对于我们来说，耶稣教导我们毫无保留地去爱似乎是不切实际的，但是他早已说过，那是因为我们没有察觉到、没有更真实地体验到，神赐予我们的这种永恒而无限的爱。如果

我们确实体验到的话，仍然会面临困难的选择，因为神并没有提供一定的规则来避免困难的选择。因为我们所处的环境会对这些造成影响，他把他的教义局限在具体的问题所应该采取的立场上。

我们已经谈到了耶稣做了什么以及说了什么，但是他是什么？到底是什么让他的门徒称他为神？

（3）“我们见过他的荣光。”

耶稣的教导令人印象最深刻的，不是他教导了哪些训示，而是他看来真的在实行。从我们所了解的看来，他的整个生命是谦卑的、自我给予的和无私的爱。他谦卑的最高证明在于，我们找不到他究竟是如何想他自己的，他从来不关心那些，他关心的是人们如何看待神。

通过福音书中的描写，我们了解到，正如某人所说，除了耶稣是完美的这一点奇特之外，他完全没有什么奇特之处。他喜欢人，人也因而喜欢他，并且众多人爱他，热烈地爱他。他站立在加利利海边，他们靠得很近，最后他只好从船上对他们说话。他白天出去，好几千人聚集在一起，耽误了吃饭，直到突然间他们发现饿了。人们回应着耶稣，他也同样回应着他们。我们看到他忽略了人与人之间树立着的习俗障碍。耶稣爱孩子。他憎恨不公正，也许他更加憎恨伪善，因为它让人们把自己隐藏起来，而断绝了他想建立的关系的真实性。

最终似乎对于那些最了解他的人来说，他是一位已经消失了自我的人，他的生命完全置于神的意志之下，使他与神的意志显而易见地合二为一了。到了一定程度，他们觉得当看着耶稣的时候，他们是在看着类似神以人形现身的某种东西。这就是早期教会中那抒情诗歌的来源：“我们见过他的荣光……充满着恩典和真理。”

终结和开始

在耶稣与他的人民相处并教导了他们几个月之后，他就被钉上了十字架，但是在极短的时间内，他的门徒就在宣扬他们那复活的主之福音了。

我们对于耶稣被钉死在十字架上之后的细节知之甚少。耶稣近身的同道说，他将以一种新的方式出现在他们面前，但是又无法决定那新的方式到底是什么。有些记录暗示了肉身存在，比如吃东西，以及托马斯触摸他侧边的伤口。而其他的记录则比较像是视觉所见的幻觉，有人说他穿过了关上的门。因此他似乎并非只是恢复了原先的肉身；复活并不是回生。相反，它是进入另一种模式的存在，一种有时看得见，但通常是看不见的模式。很清楚的是，耶稣的跟随者开始以一种新的方式体验到他，也就是体验到他具有神的品质。他现在在任何地方都为人所知，而不只是在他现身时才被人知道。

信仰耶稣的复活就产生了教会和基督神学。要掌握这一信仰的力量，我们必须了解它不单单关注一个有价值的人的命运。它的主张延伸到善在宇宙中的地位，坚持善是最强大的。复活倒转了宇宙的位置，十字架安置了耶稣的善。不再是柔弱的，门徒在他那里所体验到的爱是强大的，耶稣的善战胜了一切，甚至战胜了死亡。

《雅各的天梯》　马克·夏加尔

佳音

由于相信耶稣这位被人钉死而名誉扫地的领袖继续活着，十二个仓皇失措的门徒转变成为人类历史上最有活力的一个团体。我们读到火舌降落在他们身上，原先那些并非演说家的人开始变得雄辩起来。他们在整个希腊及罗马世界中爆发开来，宣扬以后称之为福音的教义，不过如果按照字面上理解，应该称之为佳音。他们开始于耶路撒冷的一个顶楼，凭着无比的热情传播着他们的信息。在他们那个时代，这些消息就已经在这个地区的每一主要城市中生了根。

通过一个象征可以表明他们的佳音到底是什么。在基督纪元的早期，基督徒们开始在墙上，或是在地上涂画一条鱼的形状，鱼的头指向当地基督团体召开秘密集会的地点。他们选择鱼的符号，是因为鱼的希腊字也是希腊语“耶稣基督、神之子、救世主”这三个字的首字母所合成的。这个词语包含着基督徒充满激情的佳音的本质。为了理解它的重要性，我们最好先看看它是如何影响那些宣扬它的人，并且进而探求产生那些影响的因素。

最先听到耶稣门徒宣扬佳音的人们，对他们的所听所见都留下了深刻的印象。他们看到了生命的转化——男男女女似乎在一夜之间找到了生活的秘密而发生了改变，特别是他们的生命中充满了两种品质。其中之一是彼此关切。流传至今最早的一份教外人对基督徒的观察是：“看这些基督徒如何彼此相爱。”与这种彼此关切结合在一起的是完全没有社会界线。这是一群男男女女，他们不仅在口头上说在神的面前人人平等，而且也如他们所信仰的那样生活。他们展现出来的第二项品质是喜

乐。他们人数并不多，既没有权势也没有财富，他们是被压迫着的，然而，他们在磨炼当中找到了一种内心的平和，表现出来的是喜乐。对于他们来说，生命已经不再是一件要应付的事情，它乃是辨认清楚了的神的荣耀。

他们身上的爱和喜乐是从何而来的呢？从新约的记录中，我们看到有三项令人无法忍受的重担已经从他们肩膀上移走了。其中第一项是恐惧，包括对死亡的恐惧。第二项是罪恶感。第三项是从自我局限的约束中解脱出来。

不难看出，基督教从这三项重担中解脱出来会感觉像是获得新生一样，不过这只是把我们的问题推后了一步。基督徒是如何从这些重担中解脱出来的？而这个现在已经死去的名叫耶稣的人，与这样的解脱过程有什么关系，能使得他们将之归功于他的所为呢？

唯一能影响我们所描述状态的力量就是爱。后弗洛伊德心理学开始猜测，人类自我中最深层的冲动是用爱来与人相处。然而，这种冲动必须被唤醒，特别是，通过妈妈对婴儿最初的爱。这一过程开始于婴儿期，妈妈爱的微笑唤醒了婴儿的爱，当婴儿的协调能力逐渐发展的时候，就产生了回应的微笑。这个过程持续到儿童时期。一个可爱的人不是通过告诫、规则和威胁产生的。通常只有通过儿童的父母将爱向儿童倾注，才能使爱在儿童身上生根。

如果人类发现是由于他人的爱而引发了他们内在的爱，或者换句话说，如果他们内在的爱是由外而来，经过吸收后再回馈给世界的，那么唯一需要补充说明的就是程度问题。如果人类的爱通常是由有限的人类的爱引发的，那么早期基督徒的爱则最大程度上是通过感受到获得的无限的爱（神的爱）引发的。这里只凭想象可能是不够的，不过逻辑上却

是可以理解的。如果我们也感觉到被爱，不是抽象的或原则上的，而是活生生地亲身体会到的，被一位结合所有的力量和完美的神所爱，那经验可以永久地消解我们的恐惧、罪恶感和自我束缚。

神的爱恰恰是早期的基督徒真实地感受到的爱。他们亲身体验到了耶稣的爱，而且完全相信耶稣是神的化身。那爱一旦到达了他们那里就不会停止。爱消解了恐惧、罪恶感和自我束缚，它朝基督徒涌来有如他们是水闸一般，把他们到目前为止所感受到的爱扩大到他人身上，直到把那不同程度的爱变成了不同类别的爱的一项新品质，那么基督的爱就诞生了。习俗上的爱是由被爱者的可爱品质所引发出来的，但是从基督那里得到爱的人却包括了罪人和被遗弃之人、撒马利亚人和敌人。它施予，并非考虑要得到回报，而是因为施予是其本性。对于保罗对基督之爱的著名论述，我们不应该把它看作是对我们已经熟悉的一种态度的评论。他的话是指耶稣基督这个特别的人的属性。这些话应当被认为是在定义一种新的能力，这种能力只有在耶稣基督的身上全部实现了，而正是保罗第一次描述了它：

> “爱是恒久忍耐；爱是恩慈；爱是不嫉妒不自夸不张狂。不坚持己见；不轻易发怒；不喜欢不义，只喜欢真理。凡事包容、凡事相信、凡事盼望、凡事忍耐。爱是永不止息。”——《哥林多前书》13:4-8

基督的奥体

最早的基督教徒把佳音传遍了整个地中海世界，他们并不感到自己是孤独的。他们即使不聚在一起也不是孤单的，因为他们相信耶稣作为一种具体的、活动的力量与他们同在。基于这一点，门徒们走出去占有一个他们相信神已经为他们占有了的世界。

为了让他们所感受到的强烈身份认同在他们大脑中留下生动的形象，他们使用了耶稣传给他们的一个隐喻："我是藤，你们是枝。"正如一种精神的东西，即圣灵（耶稣离去后在世上的代言），也从复活了的基督流进信徒的身体，就像汁液通过藤流进枝、叶和果实一样。

圣保罗用人的身体作为第二个隐喻来象征新兴的教会，这与家更加接近，也是具有决定性意义的。虽然个别基督徒在才能和领域上，正如眼睛和脚那样地不同，但是大家都由同一源泉——圣灵提供了生命。这精确地描述了早期基督徒的经验。教会是基督的神秘之身。神秘意味着超自然和不可思议，但却并非不真实。基督放弃了自己的肉身，换来了一个新的身体——他的教会，来继续完成他的使命。这个神秘的物质身体诞生在耶路撒冷五旬节的"顶楼"。

继续丰富这一隐喻：如果基督是这身体的头，而圣灵是其灵魂，那么个别的基督徒就是其细胞。基督徒崇拜的目的就是说那些话，做那些事，来维持这一奥体的生机，而同时反过来把这一奥体的活力注入个别的细胞中。这种交流简直是把基督徒"合并"到基督之人身上，因为在一种重要意义下，现在基督就是教会。在任何一位基督徒身上，神圣生命可能完全充分地或有些迟缓地流淌，或完全不流淌，这要根据他或她

的信仰是否是充满活力的、敷衍塞责的或者叛教的而定，而后者的情况则与瘫痪差不多。有的细胞甚至变成癌细胞而转过来伤害它们的主人，比如那些做了丑行，给教会招来恶名的基督徒。按照基督徒成员的健康状态程度，圣灵的脉搏就会在他们周身循环。这就把基督徒彼此结合在一起，而同时把他们放在与基督本人最亲近的可想象的关系中。

基于这个最初的概念，基督徒逐渐认为教会具有双重性。由基督和圣灵构成，进驻人心并使他们充满了恩典和爱的是看不见的教会，它是完美的。由那些可能堕落的成员构成的是看得见的教会，它永远无法是完美的，是要遭到批评的。

对于除了基督之身以外，在什么意义下是否可以得救的问题，基督徒有不同的看法。有些自由派主张可以。另一个极端是，原教旨主义者坚持主张只有那些明知是正式基督徒的人才能得救。在这两个极端之间的基督徒则正如刚刚介绍的，坚持在看得见的教会和看不见的教会之间作出区分来回答这个问题。教皇庇护九世反对以看得见的教会的教徒作为得救的必要条件，而认为那些在看不见的教会中的所有可敬的、正直的、尽心尽力做事之人也应包括在内。永生也适用于他们。

教会的心灵

我们已经看到首先受到耶稣吸引的并不是门徒的心灵。可以说是他们生活的经验，生活在一个人面前的经验，耶稣同时给予无私的爱、无限的喜乐以及超自然的力量的方式，令他的门徒相信这是神圣的。然而，很快基督徒就感到有必要去理解这个奥秘，因此基督教的神学诞生了。那么什么是神学呢？

宗教通常包括道德伦理，但那远不是故事的全部。道德伦理发源于对现实的观察，推动着现实的发展，同时它们又产生于现实经验。因为宗教经验是看不见的事物，当心灵试图去想象看不见的事物时，它就产生了象征符号。然而，象征符号是模糊的，因此最终心灵就引进思想来解决符号的模糊性，而把他们的直觉加以系统化。把这一系列倒转过来阅读，我们就可以把神学定义为：把宗教经验产生的象征符号的思想（意义）系统化即是神学。基督教信条是基督教神学的基础，是基督徒系统了解那些改变他们生命的事件的最早努力尝试。

我们可以从道成肉身的教义开始，因为它主张神在基督那里以人身出现，它确认基督既是神又是人，同时是全神和全人。这听起来是自相矛盾的，但是量子力学中的很多发现也是如此，例如物质既是波又是颗粒，因此这种讨论不必停留在这里。

道成肉身的教义宣称了一些关于神和耶稣的主张，首先来看有关耶稣的主张。

在把耶稣认同为神的时候，教会一直在说的事情之一，是指用耶稣完美的生命为我们提供了生命的榜样，因为“神”存在的意义就是把自

14 世纪米兰画家乔瓦尼的画作《抹大拉的玛丽亚擦拭耶稣的脚》。

己毫无保留地给予，这是非常明显的。但是随着我们对道成肉身的教义的理解的加深，我们会发现很多惊奇在等待着我们。

首先，虽然基督徒宣称的道成肉身——一个神人——正如对现在的我们一样是令人震惊的，但原因却不相同。因为我们很难相信“一个人能够成为神”，我们发现道成肉身之所以令人震惊，是它说耶稣是神。然而在当时，人和神之间的分界线是如此模糊（帝王也常常宣称自己是神圣的），以至于一个处在挣扎之中的教派宣称其教主是神圣的并不令

人诧异。还有什么新奇的呢？

基督徒坚称他们的神人是具有新的内涵的。其独创性在于他所揭示的神的样子；更特别的是，这样一个神愿意承担人的生命的局限性，愿意以人的生命的形式或以耶稣的生命所示范的样子出现在世上。这种神性与地中海区的人们一直以来对神所知的理解不同。基督教的神关心人类，愿意代替人类受苦。这是前所未闻的，以至于反而使人产生了不信，甚至惊慌。在受到威胁的保守者看来，这是对神的亵渎，再加上基督教极端平等主义的社会观点需要予以压制，于是迫害开始了。大量的地下墓穴也建立起来，用来逃避迫害。

道成肉身对基督的意义是什么？在这里我们又有很多惊奇的发现。基督教的信条并没有在耶稣的神性上浪费很多的话语，反而把辩护耶稣的人性作为最主要的任务。希腊罗马时代有关神人区分的模糊性的理解，使这一点成为可能。许多奥林匹克诸神是半人、半神，基督教的耶稣并不适用于此一框架，它是两种全然相反的结合，他兼有绝对的神性和完全的人性。

基督教对耶稣的神性的信仰是非常牢固的，因为这种信仰可以快速地增强。而耶稣的人性反而容易陷入消失的麻烦，因此教会首要的信条（《使徒信经》）就明确表示承认耶稣的人性。

> “我信仰神，全能的父，创造天地的主；我信我主耶稣基督，因圣灵感孕，处女玛利亚所生，在彼拉多治下受难，被钉上十字架，死了，被埋葬……”

《使徒信经》在触及基督的神性后，立刻转移到它最重要的关切：

确立神人结合的基督的人性的部分，即强调他每一个方面都是人。它说道，耶稣真的是被生出来的；他真的受难，他真的死了并且被埋葬了。这些事件并不是神为了与人的身份相联系而捏造出来的，它们对于基督来说是真实的，正如我们作为人的经验一样。

不难看出为什么教会感到需要保持基督的人性。一座桥梁必须接触两岸，基督就是连接人和神的桥梁。“神变成人，使得人可以成为神。”这是一位教父看待这件事情的态度。说基督是人而不是神，就会否定了他的生命是完美的典范；说他是神而不是人，就会否定他的榜样具有充分的相关性；对神可能是一个合理的标准，而对人就未必了。要是基督徒放松其中任何一项主张，他们就会背叛了他们的核心经验。

转过来看赎罪的教义，其词根的意思是和解，恢复完整或与神合一。基督徒相信，基督的生死在神和人之间造成了前所未有的接近。两个隐喻主导着教会对这一事件的了解。其一是法律上的，它认为不遵守神的命令（描写为伊甸园里偷食禁果）会使人神疏远。这种罪在程度上是无限大的，因为它违背了无限之神的意愿，因此只有一种无限大的补偿才能修补它造成的损害。神通过基督的人身在十字架上代人受死而完成这一补偿。

尤其是在中世纪，这种对赎罪的解读就很有分量，但是基督王国对赎罪这一主题的隐喻，是指从枷锁中释放出来。基督把人由之释放出来的枷锁是罪，也就是我们要讨论的那个问题。

我们注意到“罪”象征性地通过复数的形式提出来：罪，就是指特定的一连串的某些行为。单数的“罪”上有更深层的意义。罪与神断开联系或疏远了。它是心的错放，是爱心的失调。当对那全体或对那普遍的善有着全心全意的爱时，意志自然就要那样的善，并且无须规则。尽

《五旬节》 提香·韦切利奥（Tiziano Vecelli）1545 年

五旬节是基督教历史上的事件，由此产生了三位一体的思想。

管我们对自己的爱通常会破坏了我们对他人的爱。

因此令我们囚禁的枷锁是对我们自己的爱。换句话说，我们的枷锁是我们疏远了对为了所有人的福祉——神圣生活的参与。这种疏远感觉很不好。保罗承认这一点，他说：“我感到悲惨。”囚犯们常常如此。他们的悲惨大部分来自自身的无助，保罗接着说，“我不做我要做的，却去做我恨的事情”。他被诱陷了，这一觉悟导致他发出绝望的呼唤，“谁会将我从这死亡的身体中解救出来？”这就像是每一个酗酒的人一再重复的呼唤。如果有拯救，它必来自外面，或更好，是来自上面——一个更高的力量。那个更高的力量通过基督来到基督徒中间，因此他们认为正是因为基督，他们才得以恢复到无限的生命中并与神重新合一。

我们所要考虑的基督教的第三项基本教义是三位一体。它主张神是充足圆满的，同时神也有三个位格。这一主张的后一半使犹太人和穆斯林怀疑基督教是否是真正的一神论者，不过基督徒非常自信地认为他们是。正如水、冰和蒸汽之间状态的不同，却并没有消除其在化学分子式 H_2O 上的同一性。

是什么使基督徒持有这种神是“三位一体”的非典型的观点呢？再一次地，这种说法体现了一种经验基础。作为成熟的犹太人，耶稣的门徒毫无疑问地承认了雅威，但是他们渐渐把耶稣看作雅威在这个世界上的延伸，而当他的生命和使命逐渐清晰的时候，他们开始视他为神圣。这意味着他们现在能直接或者通过圣子来理解神，虽然事实上两者是如此紧密地联系在一起，以至于这种理解是一样的。

接着就是五旬节带来的第三次降临。当信徒们聚集在一起的时候，突然从天上传来一个声音，好像一阵大风吹过，充满了他们所在的整个屋子。又有火舌出现在他们中间，分别落在每个人的头上。他们所有人都被圣灵充满。

世俗的心灵会说门徒最先将这一经验具体化，然后将它实体化（圣灵），然后再将实体人格化，因此产生了三位一体的第三位。但是信徒们拒绝这种解释。他们把这一事件看作神圣集会的圣灵第三位激动人心的到来。

罗马天主教

当我们从早期基督教转到今天的基督王国中来的时候，我们会发现教会分成了三大支派：罗马天主教、东正教和新教。

直到公元 313 年，教会都在罗马官方宗教的迫害中苦苦挣扎。在那一年它得到合法的承认，而与帝国中的其他宗教享受相同的权利。在公元 4 世纪结束之前，380 年，它变成了罗马帝国的国教。除了几次较小的分裂外，它始终是一个统一的机构，直到 1054 年。这是它的第一次大分裂，那时它分裂为东部的东正教会和西部的罗马天主教会。西方教会的下一次大分裂发生在 16 世纪的新教改革中。有了这些摆在我们面前的事实，我们应当试图去了解基督王国三大宗派的中心观点。先从罗马天主教开始，其中最重要的两个概念是：教会作为宣教的权威，以及教会作为圣礼的媒介。

教会作为宣教的权威，这一概念开始于这样的前提，神以耶稣基督之人身来到世界上，教导人们如何在这个世界上生活才能继承永恒的生命。如果这是真的，那么重要的是，他的教导应当继续提供给这个世界。福音书没有满足这一目的，因为它们具有含糊性。任由个人进行的圣经研究也不能解决这些含糊性，因为个人会作出不同的阐释。离婚是被许可的吗？基督是由处女所生的吗？基督的身体在死后升天了吗？第四福音是可靠的吗？如果没有一个确定的法庭来对此进行裁决，那么道德和神学的分裂似乎是不可避免的。正是为了避免这样的分裂，教会才作为所谓的“最高法院”，在重大问题上的真理和错误之间作出裁决。

最后，教会作为宣教权威的观念，就形成了教皇无谬误的教义。每

红衣主教庇护二世生活的两个片段。

康沃尔的圣·桑普森教堂里丰收的祭坛。

个国家都有其统治者，他可以是皇帝、国王或总统。而教会的领袖是教皇，是罗马天主教管区内圣彼得的继承者。教皇无谬误的教义主张当教皇正式地谈论信仰或道德的问题时，神保护他不犯错误。

这一教义经常被误解，因此我们必须强调无谬误是一种严格地被限制的能力。它并不声称教皇具有非凡的智力。它不意味着神帮助他去知道每一个可能的问题答案。显然地，它也并不是说天主教徒一定要接受教皇在政治上的观点。教皇可以犯错误，可以犯罪，他所主张的科学或历史的观点可以是错的。他可以写出内容有误的书。只有在信仰和道德的领域里，他是无谬误的。就算在这两个领域上，他也只有在作为教会最高导师和最高立法代表正式发言，以及定义一项所有成员都应遵守的教义的时候，才是无谬误的。

罗马天主教的第二个中心观念是教会作为圣礼的媒介。这乃是教会作为宣教权威观念的补充。知道我们应该做什么是一回事，能够去做却完全是另外一回事，圣礼有助于这第二项责任的施行。

新墨西哥利马的圣罗斯教堂的废墟。

基督号召他的门徒要过慈善和服务的生活，这在字面上是超自然的，与人自私、冲动的天生本能相反。这需要帮助，而教会就是提供帮助的，其执行的手段就是圣礼。

公元 12 世纪以来，罗马天主教会的圣礼数目一直被固定为七项。它们与人的生命中伟大的时刻和需要相对应。人们出生、长大、结婚或把自己完全献身于某种生命目标，然后死亡。与此同时，他们会从事一项职业，在他们迷茫的时候就必须与社会相适应。圣礼就为这些经典的时刻留下标记。通过把神第一项特殊的恩典注入其灵魂中，施洗把婴儿“递送”引进到超自然的秩序中。当孩子长大到拥有理性的年纪，需要增强其责任感和自我反省时，就需要让孩子受坚信礼。接下来通常是，成年人与其伴侣以神圣婚姻结合，他们就来到了人生庄严的时刻。或者在加入圣职时，他或她将自己的一生奉献给神。一个人在生命结束的时候要行病人的圣礼（严格的涂油礼），闭上尘世的眼睛，为灵魂的最后旅程做准备。

同时两个圣礼需要经常重复地做。其一是犯罪之后的忏悔（告解）。另一个是教会的核心圣礼——弥撒，也称之为圣餐礼。

对于天主教的圣礼概念来说，如果仅仅把它当作是对耶稣生和死的一种纪念，这是错误的。弥撒所做的是把能量从神那里输送给人的灵魂。因为天主教会教导人们说，圣餐的要素是神圣的，它们是基督的身体和血。它们在事后可能看起来并没有什么不同，而用技术手段分析也没有发现任何化学变化。尽管如此，圣餐承载了神的恩典就像船承载了它的乘客一样。然而，除了施洗以外，其他六项圣礼所传达的恩典就如同一封书信所传达的意义一样。要理解书信的意义需要智慧，而圣餐中也充满了神的恩典。对于基督徒的精神生命而言，享用圣餐的要素就像肉体生命要吃食物来滋养一样重要。

东正教

东正教会于公元1054年正式脱离罗马天主教会，它们彼此指责对方应对关系的破裂负责任。它们的大半部历史都由一个教会构成，两者之间的共同之处远比它们之间的不同之处要多得多。它们遵守同样的七项圣礼，在宣教权威上有着同样的目的，只有两点不同之处。第一点是数量上的，东正教会认为需要全体意见一致的问题的数量比罗马教会少。只有那些教义中提到的问题才满足条件，并且历史上只有七次需要讨论解释教义的大会，即七次大公会议，这些会议全都是在公元787年之前召开的。因此，罗马天主教积极地看待他们后来的主张（如炼狱、赦罪、圣灵感孕说或圣母升天等），认为它们是教义的“发展”，而东正教则认为那些是“附加的”，基督徒可以接受但不必赞同。

除了有多少教义是合适的这个问题之外，两大教派在它们是如何而来的问题上也有分歧。我们可以看到，罗马天主教主张它们归根结底是通过教皇而来的。东正教没有教皇，它主张神的真理是通过“教会的良心”揭示出来的，这一词语是指基督徒的一致性。当然，这一致性是需要加以集中的，也就是通过基督教会的会议来服务于这一需要。当教会所有的主教们七次（都在东西大分裂之前）聚集在大公会议上，圣灵维持了他们集体判决的正确性。但是从东正教的观点看来，（归根结底）圣灵保持基督徒的心灵作为一个整体无谬误，而主教们所做的只不过是把基督徒的观点集中起来罢了。

在这里我们发现了异于教会共同观点的观点，这正是东正教所强调的一个特殊重点。在对待基督奥体的问题上，所有的基督徒都接受他们

东正教没有教皇，但它认为上帝的真理是通过“教会的良心”来揭示的，或者说是通过其成员的一致共识。

是“互相的成员”的教义，只有东正教更认真地采取了这个概念。每个基督徒都配合教会的其他成员做出他或她的救赎，而不是个别地去拯救一个个分离的灵魂。俄国东正教支派有一个说法：“一个人可能单独地被诅咒，但却只能与别人一起得救。”作为一个整体，东正教更进一步，通过再次提到保罗认为整个宇宙“在呻吟和阵痛中”等待救赎的观点来

阐释这一说法。不仅个人的命运与整个教会结合在一起，而且个人也有责任帮助把整个自然和历史的世界奉献给神。在创造中的一切事物的福祉，都在某种程度上受到每个个人的贡献或者损坏的影响。

虽然这种共同强调的主要结果是刚才所说的精神方面的，但是它也在实践方面表现了出来。其中之一就是，在认同教会宣教权威与作为基督徒的整体良心上，人们的良心就是教会的良心。教会中的俗人选择他们的教士，与其他任何地方的管理一样，神圣的指令被认为会充满整个教会。教士有其不可侵犯的领域（即圣礼的实施），但是在那个领域之外，教士和俗人之间的界限是不太明显的。教士不需要保持独身。即使东正教会的挂名首脑，君士坦丁堡教长也不过是“平等众生之首”，而俗人则被称为“有君尊的祭司”。

在讲述亚洲的宗教时，有人说，比起西方来，它较重视联合而较少重视个性。如果这话属实的话，那就有助于解释为什么基督教最东方的支派最强调教会的集团性质——比起天主教来，更强调其教会成员在教会中的平等，以及与我们将要了解的新教相比，他们更加团结一致。这一点可能也孕育了东正教保留下来的重点，我们需要注意的是它的神秘主义。

像历史上的所有宗教一样，基督教相信真实包含两个领域——自然的和超自然的。人死了之后，人的生命就全部转到超自然的领域中。但是即使在现世生活中，也并不与之隔绝。这是所有基督教派都会讲的。差异来自基督教在尘世中试图参与超自然的生命的程度。罗马天主教主张三位一体深深扎根在每一位基督徒的灵魂之内，可是它的呈现通常是感觉不到的。通过祈祷和忏悔，可以让灵魂接受超自然恩典的额外眷顾，但是严格说来，因为人没有权利进入到这一神秘的生命状态中，那种状态的性质完全是神的恩典。东正教积极地鼓励其成员朝着神秘的生命努力。从很早以来，当安提俄克和亚历山大里亚附近的沙漠里满是追求启示的隐士时，这些神秘的事业在其生命中已经占据了更加显著的位置。由于超自然世界与感官世界完全相交渗透，一般来说，去发展直接体验神呈现的荣耀的能力，应该成为基督徒生命的一部分。

门诺派教徒强迫在小舟里进行秘密崇拜。

新教

导致罗马天主教和后来称之为新教的基督教之间分裂的原因是复杂的，而且仍在争论中。它涉及政治经济问题，以及民族主义、文艺复兴的个人主义和日益关注教会职权滥用等问题，但归根结底是一种崭新的基督教观念的出现。其两个核心特点是：因信称义，新教的原则。

在新教的概念中，信仰并不仅仅是指相信，它乃是一种整个自我的回应，它包含了心灵活动（坚信某些东西），还有意志活动（通过爱的推动去做事情）。当新教徒说，人因信称义——意思是，与他们的存在基础及其他人恢复正当的关系，即是说自我在所有三个方面上的恢复活动。

为了理解这一信仰观念的独特性，我们需要把它看作是一种对宗教

约翰·加尔文

马丁·路德

敷衍的批判。教义有其重要性，但是除非一个人宣称信奉的教义深入人心并且改变了他对生命的感受，否则它们仅仅是停留在口头上而已，这与祈祷、去教堂等宗教仪式类似。这些行为也是重要的，但是同样地，除非它们引导人们体验到了神的爱，从而最终激活了个人对神回报的爱，否则它们是不够的。至于善行，新教徒对它进行了重新定义。它是信仰的结果而不是信仰的前奏。当一个人真的有信仰，善行就会自然地流露出来；奥古斯丁说，“爱神并做自己喜乐的事情”。可是反过来却不一样，因为无论是出于责任的意识还是作为通往天堂的途径，任何善行都不能保证改变人们对生命的体验。

新教另一个支配性的观点后来被称为新教的原则。以哲学的方式来看，它反对把相对的事物绝对化。以神学的方式来看，它反对偶像崇拜。

偶像崇拜不仅限于其陈词滥调。它是把个人的生命首先给予了有限世界中的某种事物。这样做的问题在于任何有限的事物都是有局限性的，换种说法就是，偶像们不能满足人们内在对于无限的渴望。这听起来很抽象，但的确是显而易见的，不过这并不能阻止人们成为名副其实的正如路德所说的“偶像工厂”。在圣经时代，偶像工厂制造了金牛以及雕塑，而现在偶像工厂制造的偶像更有可能是性或者成功，也可能是自己或者一种意识形态，还有可能是个人所属的民族或者国家。

宗教也不能幸免于偶像崇拜。新教徒把教皇无谬误的教义看作是为了去除批评观点的偶像崇拜，这些教义通过人的心灵的引导，永远不能逃脱部分局限和错误的危险。这在新教的阵营中也失效了。新教主要的偶像崇拜一直是圣经崇拜。新教徒的确相信神通过圣经而不是其他方式对人们说话。但是把圣经抬高为超越批评的一本书，坚称其每个字都是直接出自神，而不带有历史的、科学的以及其他的不确定性，又再一次忘记了神的话在进入世界时必须通过人的心灵才能表达出来。

另一个新教中偶像崇拜的例子，是把个人的宗教经验神圣化。新教徒坚持信仰必须是活生生的经验，时常令其成员假定任何生动的经验必然是圣灵的作用。情况可能是如此，不过同样的，经验永远也不会是纯粹的精神。精神必须以人为载体来表现。

新教（Protestantism）的前两个音节主导了这个词，并且新教徒们确实抗议（protest）了很多事情，偶像崇拜就是其中主要的一个。但是正如在前面的一章谈到的，这个词的希腊文和希伯来文词根是积极的，先知是代表某人或者某事说话的人。我们已经了解了新教是如何代表与众不同的信仰说话的。在结束之前，我们来听听它如何为圣经辩护，圣经崇拜对新教徒来说具有如此大的诱惑，正是因为他们对圣经极为尊崇。

在记录神通过以色列、通过基督以及通过早期教会所做工作的事情中，我们发现圣经展现在新教徒面前的，是神伟大善行的最清晰的图画，以及人如何与神相联系的方式。对于新教徒来说，《圣经》在这个意义下是终极的。在这个终极的意义下，他们相信进入神圣生命最可靠的方式，是带着完全开放的和神圣的苛求之心来阅读记载这一神恩典的记录。

新教徒承认，将个人与神的话语——《圣经》的接触置于他们的信仰中心，并把它当作权威是有危险的。有误解神的话语的危险，也有人们会从《圣经》中得出不同真理的危险。新教分裂成无数个派别是其不稳性的最鲜活的证明。很多新教徒担心基督的“身体”通过这种方式出现了某种程度的分裂，于是泛基督教的运动出现了，试图扭转分裂的进程。但是尽管在某种程度上事情已经失控，但重要的是认识到新教徒认为这样的多元化并不是坏事。人就是不同，历史背景也不同，这都需要在神圣经纶中找到位置。生命和历史长河具有流动性，以至于无法只许可神的救赎被封闭在一个单一的形式中，无论是教义上的还是机构上的。

于是，新教徒在他们的立场上接受了这些危险，因为危险归危险，他们宁愿要这不安定的自由，也不要教义或机构的安全，即使朝神仰望时，也有可能犯错误。有人问路德，如果教会驱逐了他，他将立于何处，他回答：“在天底下。”

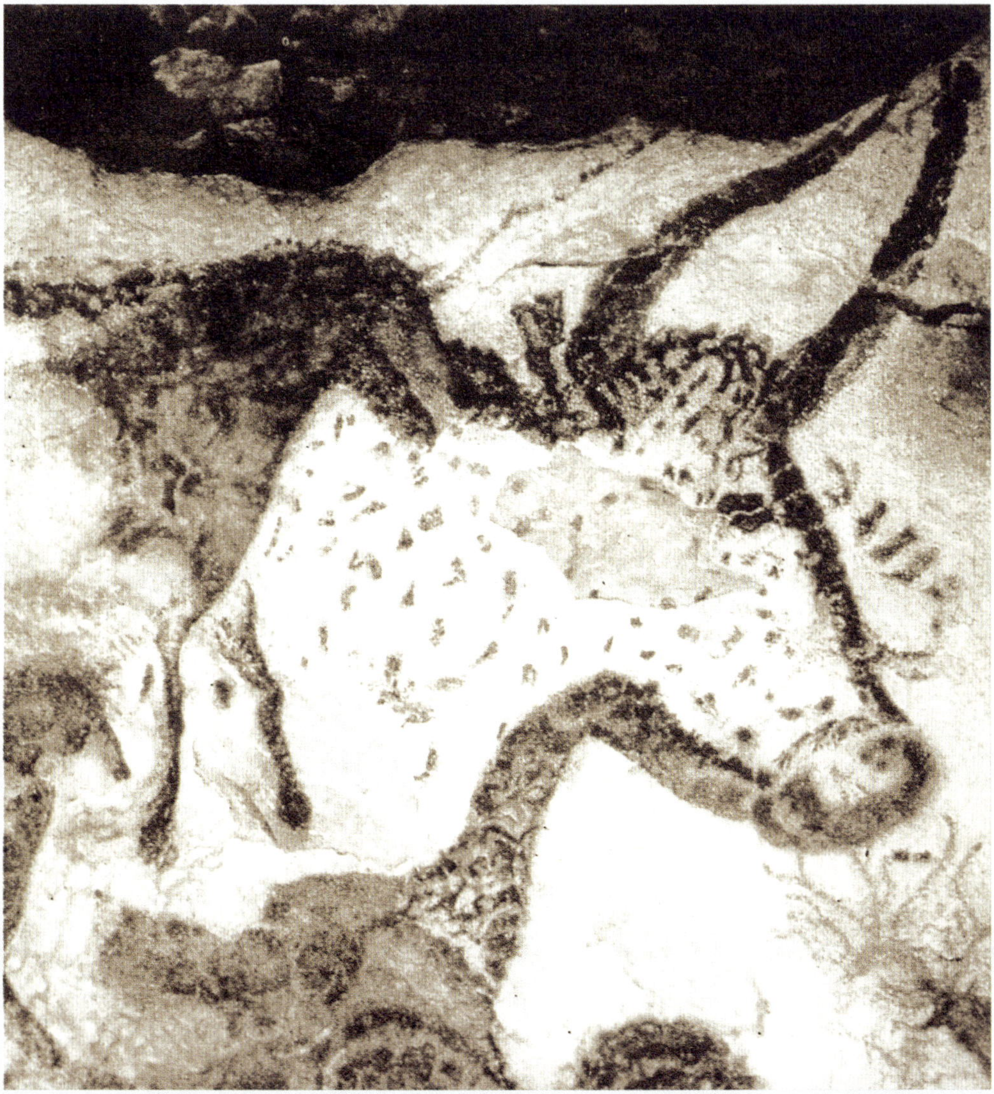

第 九 章

原始宗教

他们拥有这个世界已经丧失的古代人，
丧失了对与古代人相关人性的敬畏和激情，
丧失了对地球和生活网络的敬畏和激情。
在石器时代之前，
他们已经倾向于把激情作为中心的、神圣的火。
它应当成为我们长时间的希望，
在我们所有人的内在更新自己。

拉斯考克斯洞穴里绘画的细节。

澳洲经验

本书已经探讨过几种主要的历史宗教了，这些历史的宗教有神圣的经典以及一个开放的累积而成的传统。历史的宗教现在几乎覆盖了整个大地，但是以编年的角度来看，它们只是宗教冰山的一角，因为与在它们之前大约已有大约300万年的宗教比起来，它们只有4 000年。在那么漫长的时间里，人们以一种十分不同的模式实行着他们的宗教，这种模式必然也明显地塑造了他们的感性。我们称那种模式为原始的，因为它最早出现；不过有时我们又会称它是部落的，因为它的团体都是很小的；或是称之为口述的，因为他们还不会书写。这种模式的宗教信仰特性目前仍然在非洲、澳洲、东南亚、太平洋岛屿、西伯利亚和北美以及南美的原住民之间持续存在着。

我们可以先拒绝19世纪的偏见——认为愈新近的就是愈好的，那种偏见只能在技术上成立，但在宗教上是不成立的。如果神没有演化，那么宗教的人似乎也是如此，至少在任何重要的方面没有什么演化。我们发现，在历史的宗教中繁盛的一切，例如一神论，在原始宗教中早已显出微弱可辨的模式了。可以预见的一件事情是神圣和世俗之间的区分，在一开始就注意到这一点十分重要，因为随着本章的进展，我们将发现很难确切地指出在部落生活中的特定的宗教成分，因为宗教似乎涵盖一切。即便如此，神圣和世俗的划分还是可以察觉到的。澳洲原住民正好是表现这一事实的理想群体，因为他们是我们这个星球上“最古老”的居民。澳洲是唯一没有经历新石器时代的大陆，在别的地方新石器时代开始于大约公元前一万年，经历了农业和技术

澳大利亚原初居民的石刻绘画

上图：传统图例的情景

下图：海龟的绘画

改进的石器发明。我们所了解的这种差异，对应原住民的日常生活可称之为“梦中世界”的差异。他们日常生活的世界可以由时间测量；季节更替，世代更迭。

与此同时，这无止境的进程的背景却是稳定的。时间触碰不到它，因为它是“每一个时刻”。传说中的人物充满在这背景世界中。他们并不是神，他们更像我们自己，而同时又大于生命。给予他们特殊身份的是，他们创始了或制定了日常生活中所包含的行为规范。他们塑造并规范了生命的基本条件（男人和女人；人、鸟、鱼以及其他），还有其主要活动，例如狩猎、集会、战争和爱。

我们往往喜欢说当阿隆达人（Arunta）去打猎的时候，他们模拟第一个猎人原型的功绩，但是这把他们与其猎人原型明显地划分开来了。更精确的说法是，他们完全契合到猎人原型中，使每一个人都变成了最早的第一个猎人，几乎没有任何差异。其他的活动也是如此，从编制篮子到做爱。只有在他们使行动与某些原型的英雄模式一致时，阿隆达人才感到他们是真正地活着，因为在那些角色中他们是不朽的。而当他们从那些角色中出来时，他们的生活就变得十分没有意义了，因为时间立刻就把他们的所作所为吞没了，并将之化为乌有。

原住民宗教活动并非在于崇拜，而在于认同，是一种“参与”和表演出原型的典范。这里没有教士，没有宗教集会，只有做梦的主题及其一致性。

在确定了即使在原始社会的相对无差别的情况下，也可以看到神圣的东西之后，我们将提到个别部落。这仅仅是为了能够说明所有部落都有的特色——那些把它们与历史的宗教划分开来的特色。

口述性、地点和时间

口述性

我们注意到，原始宗教中是不存在读写的，即使少量出现也被隐藏起来，因为部落民族认为书写并不是口述的补充，甚至还会对独有的口述性的优点造成威胁。

为了理解他们为什么要那么做，我们可以从说话的生命活力谈起。演讲是活的，因为演讲分享了演讲者生命的活力。它不是说话者的全部，但它是说话者的生活方式之一。这表明它通过新鲜的定义而被重新赋予生气，正如我们看到的，它是不可能与演讲者分开存在的。它原则上拥有生命的特征，因为它的本质是改变、适应和创造。话语与背景是不可分割的，它要适应演讲者、倾听者和情景等。这给予它一种直接性、范畴性和不可思议的多面性。

这些优点是显而易见的，但是比起书写，演讲的最大优势在于它对记忆的作用。依赖于图书馆，识字的人的记忆力会逐渐变差。为了进一步了解没有书写的生命是怎样的，我们可以尝试想象我们的先人是一群瞎眼的荷马，每晚在工作完成之后聚拢在营火前。他们的祖先在困难中所学的，从治病的草药到感人的传奇，现在都收藏在他们集体的记忆

玉米之母

美国西南部的本土美洲人部落通常使用这样的形象来代表养育大地的女性灵魂。

中，而且只收藏在那里。他们难道不会尊敬、不停地背诵、彼此补足纠正他们的遗产吗?

对我们来说，这种进行中的、有力量的研讨会对参与者造成的冲击是不容小觑的。每一个人都向活的知识宝库输送知识，同时接受其资讯的回流，从而贮备并塑造他们的生命。如果排他性的口述保护了人类的记忆，那么它也保护了其他三种禀赋。

首先是通过非语言的渠道去体验神圣的能力。由于书写能够清楚地表达意义，历史的宗教期待它们的文本来反映神（如果不是排他性的话）最清晰的启示。这就排除了其他神圣显现的方式，口述的传统就不会这样。他们口述的内容（也就是他们的神话），使他们的眼睛能自由地去细察其他神圣的预兆，处子般的自然与神圣艺术就是主要的例子。

第二，因为书写没有极限，它可以扩散激增到一定程度，树林可以使树木变得暗淡。心灵沉没在这些信息中，而很难辨认出什么信息是重要的。

这一危险并没有困扰部落民族，他们记得重要的信息并忘记没有用的信息。

最后，口述性保护了社群。在社会中，人不可能是孤独的，那里没有报纸来掩盖事实，没有电脑屏幕让人沉迷，没有电视剧让人待在孤独、隔离的空间中观看。用部落语言来说，语言意味着人和人之间的相互影响。

地点与空间

原始宗教第二个显著特点是它深植于地点中。地点不同于空间。空间是抽象的，而地点是具体的。一个立方米的空间，无论我们在什么地方来计算，它都是相同的，但是没有两个地点是完全一样的。

可以确定的是，许多历史的宗教都有神圣的场所，但是历史的宗教并不像原始宗教那样深植于地方上。纽约州北部奥内达加（Onondaga）部落的小故事可以说明这一点。

欧雷·雷昂士（Oren Lyons）是第一个上大学的奥内达加族人。当他第一次回到保护区度假时，他的叔叔带着他到湖中泛舟，在湖上叔叔就开始审问他。“好了，欧雷，”他说，“你已经上大学了，现在你一定是颇聪明的了。让我来问你一个问题。你是谁？”欧雷被这个问题吓了一跳，勉强地想着答案。“这是什么意思，我是谁？我当然是欧雷·雷昂士。你知道的。”叔叔拒绝了他的答案，并一再重复他的问题。侄子逐次大胆地回答说他是奥内达加族人，他是一个人，一个男人，一个年轻人，这一切都没有什么用。当叔叔令他无言以对时，他就要求叔叔告诉自己他是谁，叔叔说：“你看到那边的悬崖了吗？欧雷，你就是那个悬崖。还有对岸上那棵大松树，你看到了吗？欧雷，你就是那松树。还有承载着我们

泰勒山

纳瓦霍人的圣山。

船的湖水，你看到了吗？欧雷，你就是这水。”

从这个小故事总结来看，那个时候的澳洲古尔奈（Kurnai）人在丛林里流浪的时候，同样是特别的、具体的事物能够引起他们的兴趣。他们所遇到的泉水、大树以及岩石都是不能与其他同类物互换的；每一种事物都引发出他们是其中一部分的传奇事件的记忆。把这种对个体事物的投入与对更大图景的不感兴趣混为一谈是错误的。纳瓦霍（Navajos）人把他们的居处按照世界的形状来建造，他们的建筑就把世界引进到家中来了。支撑他们屋顶的柱子，是用支撑整个宇宙的神祇来命名的，因而也与宇宙的神祇相一致：大地、山妇人、水妇人和玉米妇人。

永恒的时间

原始的时间不是线性的，正如西方历史的宗教是救世主式前瞻性的。甚至也不是亚洲宗教所认为的时间，像世界转动、四季周而复始那样。原始的时间是非时间性的；是一种永恒的现在。说到非时间性的或无时间性的时间，是自相矛盾的，不过如果我们明白原始时间集中在因果的而不是编年的顺序的话，这个矛盾就可以消解了。对于原始的人来说，“过去”的意思是显著地更接近于事物发生之源。至于说那源头在时间上是否先于现在，乃是次要的。

这里“源”这个词是指诸神，他们并没有真正地创造世界，但是却建立了秩序并给予世界可行的建构。那些神祇继续存在着，但这并不能把兴趣转移到现在来，因为过去仍被认为是黄金时代。在神的创造遭受到时间和管理不善的破坏之前，世界正如它所应该的那样。情况已经不再如此了，因为某种衰弱出现了，因此需要采取步骤来把世界恢复到其原初的情况。这些步骤就是更新的仪式，即原始宗教惯常实行的那些，例如平原印第安人一年一度的太阳舞（Sun Dance），也被称作世界和生命更新之舞。

如果我们就此打住，对于原始的时间观的特点我们还没有谈到，因为历史的宗教也有更新的仪式。它们都有某种倒转冬天黑暗的冬至节，以及助长自然重生的“复活节”。对于历史的宗教已经基本上抛弃了的原始时间观的一个特征，我们可以了解其亲近神圣根源的方式，在部落眼中，这往往是一种价值的象征。因此，动物通常因为它们“先于人创造出来”而受到尊敬，在动物之中比较愚蠢的水獭，温尼贝戈人（Winnebagos）就指出它是最后被创造出来的。同样，这一原则也适用于人类。祖先要比后代受到尊敬，后代被认为是天赋不如先辈的子孙。原始的人们十分尊敬他们的长者。

我们接下来开始谈原始宗教植根于其世界观的其他特点。

原始世界

从了解原始人们在他们世界中的根植性来开始是最为合适的。他们一旦离开了部落，就不太能够感受到其独立的身份。与部落的隔离可以令他们死亡，不仅是身体上的，而且也是心理上的。反过来，部落深植于自然之中，如此牢固，以至于两者之间的界线是不容易设定的。在图腾崇拜的例子上就不存在界限。图腾崇拜将一个人类的部落与一种动物在日常生活中联系在一起。图腾动物守护着部落，反过来，部落成员们崇拜它，拒绝伤害它，因为它是他们的“亲骨肉”。

在部落人们中，图腾崇拜本身并非普遍的，不过有关动物和人的区分，他们却全都抱着无动于衷的态度。动物和鸟常常被称为“人们”，在某些情况下，动物和人还可以互换形状并转换成对方。动物和植物之间的区分同样是微弱的，因为植物也像我们这些人一样有灵。当我们注意到“有生命”与“无生命”之间的界线都被穿透时，这种论述就发展成了逻辑术语。岩石是有生命的。在某种情况下，它们被相信是能说话的，有时候他们被认为是有神性的。

从世界的结构转向人类的活动，我们再次被它们之间缺少区分所吸引。在美国印第安人的语言中没有“艺术”的字眼，因为对于印第安人而言，每一件事物都是艺术。同样的，一切事物都是宗教的。例如，一个猎人要出去打猎并不单单是为了解决他部落人的饥饿问题。他开始进行了一连串复杂的冥想行为，不管是预备性地祈祷和清洁，追逐猎物，还是按照圣礼的方式把动物杀了而后请客等，所有这一切的行为都充满了神圣。

几内亚的巴格部落的巨蟒神——尼尼甘尼。

我们要注意的是，在原始世界中，从未出现过如此严格的区分，这是最值得称道的。在原始世界中，没有任何东西能将它与一个相对的他者区分开来，无论是一个他者神（与他创造出来的世界相区别），涅槃（与轮回相区别），或者其他什么。原始的世界是单一的宇宙，这个宇宙像一个活的子宫般孕育着他们。因为他们假定其存在是为了养育他们，因此就没有倾向去挑战它、反抗它、重塑它或者逃离它。世界也不是放逐之地或朝圣之地，虽然也有朝圣这么回事。空间并不是同质的；我们可以说，一个家有许多房间，有的房间在正常情况下是看不到的，但是它们合起来构成了一个单一的住所。原始的人们关心的是维持个人的、社会的、宇宙的和谐，以及获得特殊的物品——雨、收获、孩子、健康——正如人们的日常所为。不过主导历史宗教的、凌越一切的救赎目的，对于他们来说却是全然不存在的，至于死后的生命，则是朦胧阴暗地半存在着，共处于某个地点不明的单一领域中。

西班牙洞穴绘画的细节。

澳大利亚的原始人绘画。

象征的心灵

到目前为止，我们对原始世界的简单勾勒，所表现出的内在差异是暂时性的，并没有一个超越的真实世界来使这个世界沦为相对的。然而，如果我们不引进产生世界的神圣根源或者（如其他说法中的）给混沌带来秩序的神圣安排者的话，这一切都将归零，而没有一点价值。这些神祇的出现带来了有神论的问题。

一般习惯把原始宗教评定为多神教，如果多神教这个词象征着神圣可以凝结在神圣的地方，并且能下降到特殊的物体上，那么这种说法并不完全是错误的。但是，这并不与许多神是具体化或表现的单一终极者相冲突。西部非洲的约鲁巴（Yoruba）从来不把他们的至高神鄂罗迪玛夫（Olodimave）与次级神奥利沙（orisa）相提并论，埃多族（Edo）从来也不会把奥萨那不瓦（Osanobuwa）与鄂博（ebo）相提并论。然而，根本的问题并不在于部落人们是否明白地认同一个协调诸神的最高神，而在于他们是否感受到这样一个存在，无论他们给它是否命名或者加以人格化。有证据显示，他们确实感到了它的存在。原始宗教将神圣统一体与其表达相分离的程度要低于历史的宗教，并且在某些情况下甚至掩盖了它；所以它们完全不似早期欧洲的拟人多神教。它是至善的、神圣的、灵力的（苏族人称之为 waken，译注：指自然物中产生的伟大力量），无须完全依附于或有意识地附属于可辨认的至高存在。

与至高存在有如此的附属关系，甚至使某些东西可能丧失，那种丧失是因为那些不附属于神的事物丧失了它的神圣性。这带给我们原始精神性的最重要的一项特征——象征主义者的心态。象征主义者认为世界万物可以直接显现它们神圣的根源；不管那神圣根源是否特别指明了，世界万物都被感知是含有神圣根源的灵光的。肉眼看到的湖水是孤立存在的，因为就眼睛所见来说，水是以其自身作为一个真实事物而存在的。现代思想由之可以继续推理，水是由氧和氢组成的；如果欲求精神的解释，它可以把寓言的意义归之为水。然而，正常情况下，现代性并不承认物质的东西与其形而上的、精神的根源有什么本体论上的关联。在这一方面，原始人们是更好的形而上学家，虽然我们已经知道他们的形而上学并没有全部明白地说出来，却天然具有一种神秘的样貌。

当人种学家宣称，对于阿尔冈昆（Algonquins）人来说，“在现象世界之外是没有精神的”，这只是说他们没有觉察到对于原始人们的心灵而言，外表现象从来都不是完全独立存在的。

在这一节中，我们不能不提到萨满“巫师”这一独特的人物类型，萨满可以超越象征符号而可以直接觉察到精神实像。我们可以把萨满想成是精神大师，所谓大师可以定义为，其才能无论是在音乐（莫扎特）、戏剧（莎士比亚）、数学或者其他领域，是特殊到属于完全不同等级的地位。萨满早年在身体上和情绪上受到严重的创伤，但他们能够自我医治和重新整合自己的生活，即使不能运用宇宙的力量，也能运用心灵的力量。这些力量可以令他们与各种善的和恶的精灵打交道，从前者吸取力量而在需要的时候来对抗后者。他们忙于从事医疗工作，任务繁重，似乎具有异乎寻常的力量来预言未来和领悟失去了的东西。

结论

在原始宗教和历史的宗教之间，时间似乎是站在后者这一边，因为虽然现在数以百万的人希望看到原始的生命方式能够延续下去，但是这事实上似乎是不可能的。“文明”在不专横的时候是诱人的。我们不能把少数现存的部落隔离开来，保留他们以供人类学者研究，让我们其余的人将之浪漫化，正如我们失去的乐园的象征。工业时代的人如何调整自己，来面对这星球上似乎已经时日不多的原始人，这是本章最后的论题。

原始民族倾向于把他们的激情专注于大地及其神圣之火的生命之网。

历史的宗教大多都放弃了它们早期曾一度针对“异教徒”的传教计划，钟摆反而朝相反的方向摆动，走向了原始人的浪漫化。由于对科技社会毫不留情的功利主义以及它似乎无节制地摧毁人类和地球的力量感到恐慌，城市人开始希望或许能过一种基本上不同的生活方式，他们通过原始人来支持这个希望。作为当权者的

后代，面对他们祖先向无权者所作的种种轻蔑、掠夺和摧毁时，不免产生内疚之心。

从正面来看，我们现在认识到我们对这些人的评价是错误的。原始民族并非原始和未开化的，更不是野蛮的。他们并不落伍，他们只是不同而已。彻底认识到这一点，并把对原始民族的轻蔑抛诸脑后，我们再回过头来思考一下我们当下之所以喜欢把原始人浪漫化的冲动，因为这

仅仅是一种冲动而已，并没有被广泛地了解。

我们从工业化生活的繁杂和错误中清醒过来，（正如我们所说）已经因为工业化生活的反作用而产生了部落民族完全自然的形象。我们把他们看作是天地的儿女，是动植物的兄弟姐妹，他们按照自然的方式来生活，而没有扰乱他们生态范围的微妙平衡；温和的猎人仍然与我们自己迫切需要的魔法和神话联系在一起。看到他们如此，我们假定我们的祖先在这些方面也类似他们，从而把他们推崇为我们的英雄。这种思想倾向有一种深刻而不自觉的理由。每个民族都需要好好思考其根源；它乃是健康的自我形象的一部分。因此，现代人不再相信自己是由神创造的，而把一部分神的高贵性转移到他们认为自己所来的根源之上，即早期的人类。这就是 18 世纪所提出的“高贵野蛮人的神话”背后的最深刻的冲动。

希望我们当下能把偏见和理想化都抛诸脑后。如果我们接受了这一点，或许我们能与原始人相互尊重来度过我们有数的地球伙伴的岁月。正如一位原始代言人的梦想所说：“我们终于可以成为兄弟。”如果我们能做到这样，那么我们还有时间从他们那里学到一些东西。即使此处我们采取存而不论的态度，去肯定约翰·科利尔（John Collier，曾担任美国联邦印第安事务局局长）有关他负责管理的人所说的话也并不仅仅是浪漫的。“他们拥有现代世界所失去的东西：对人类人格性失去了古老的崇敬和激情，再加上对土地及其生命之网失去了古老的崇敬和激情。自石器时代以来，他们已经倾向于把这种激情视为一种核心的、神圣的火。重新让它在我们全体之内点燃起来，这该是我们长久的希望。”

第十章

最后的考察

E.F. 舒马赫留给世界的遗产之一是他的信仰，
“我们需要勇气去向‘人类的智慧传统’请教，
并从那里获取益处”。

巴布亚新几内亚的赛皮克河部落创造的仪式面具。

宗教之间的关系

回顾我们走过的路，有三个问题浮现了出来。第一，我们逐一分别地认识了世界的宗教，那么，我们应当如何配置它们，将它们视为彼此相互联系的吗？第二，它们对于这个世界都有什么要说的，能够一致吗？第三，处于一个宗教上多元化的世界之中，我们应该如何自处呢？

对于配置问题，有以下三种观点。

第一种观点主张在世界宗教中，一种宗教优于其他宗教。在本书中没有任何东西表明这种观点；但是同样的，也没有任何东西是反对这种观点的，因为比较并不是赞同其立场。

第二种观点是相反的立场，认为所有宗教在本质上是相似的。与它们共同追求的崇高真理相比较，它们的不同之处是偶然的。这一立场是诉诸我们对人类一体性的渴望，可是一经审查，却证明了它是所有三个立场中最靠不住的一个。因为一旦超出了含糊的一般性的范围——像“每一宗教有某种版本的黄金法则”——鉴于各个宗教对于什么是根本的，什么是可商量的都存有分歧的事实，这一立场就站不住脚了。

第三种观点，把宗教间相关联的方式比喻成染色玻璃窗，其各部分把太阳光分成不同的颜色。这种类比容许宗教之间存在颇大的差异，而并不宣判它们有各自相对的价值。如果不同文化的民族，彼此的特征各不相同，这就很可能影响到神采取哪种方式向他们进行启示。

把这一点留给读者，让他们去配置各大宗教似乎是适当的，我们开始讨论第二个问题。它们对于这个世界都有什么要说的，会是一致的吗？

智慧传统

E.F. 舒马赫留给世界的遗产之一是他的信仰，“我们需要勇气去向‘人类的智慧传统’请教，并从那里获取益处”。那个传统正是本书的主题——它们为世界提供了什么智慧呢？

现代科学取代了它们的宇宙论，并且它们所反映的昔日的社会习俗（性别关系、阶级结构等）也必须在时代改变以及为正义继续奋斗之光照下，重新加以评估。但如果我们用一个滤网，把世界各宗教对真实以及应该如何生活的结论过滤出来，那么结论就会开始看起来像是被挑选出来的人类智慧。

在伦理学的领域里，十诫所说的几乎是跨文化的。我们应该避免凶杀、盗窃、说谎和通奸。这些乃是低限度的指导方针，却并非无足轻重，因为我们明白如果它们受到普遍的尊崇，世界将会好太多。

在这个伦理的基础上，进一步延伸到我们应该努力去做怎样的人，我们就碰到品德的问题，这基本上可分为三种：谦逊、仁爱和诚实。谦逊并不是自贬。它乃是一种与他人在一起的时候，把自我视为一个人却不高于一个人的能力。仁爱则是换一个角度，把邻人同样视为一个人，与自己一样的完全的人。至于说诚实，它不仅仅是最基本的说真话，而是延伸到崇高的客观性——能够如实地看到事物本来的面貌，完全没有主观曲解。亚洲宗教同样赞美这三种品德，强调要得到它们必须克服一些障碍。佛教称这些障碍是“三毒”，它们为贪、嗔、痴。一旦它们被除去了，取而代之的就是无我（谦逊）、慈悲（仁爱）和如实地看待万物（诚实）。最后就是正见——智慧传统对事物终极本质的观察。

墙壁挂毯上描绘的是伊甸园中的亚当和夏娃。

宗教一开始所看到的事物就比我们一般常态以为的要更加整合。生命没有给我们一个整体的视野。我们所见的是这里一点那里一点，而自私自利也把我们的看法奇怪地扭曲了。生命似乎是一张极大的挂毡，我们却从其背面来面对它。这使它的外表看来像是线和结的迷魂阵，其大部分看起来都是混乱不堪的。从纯粹属于人的立场来看，智慧传统乃是人类最持久而认真的企图，要从挂毡的迷魂阵这一边去推测其正面的图案。由于图案的美与和谐来自其各部分之间的相互关系，而我们只能看到图案的碎片，故图案所赋予那些部分的意义，我们就难以看到了。我们几乎可以说那归属于整体的正是宗教之所以为宗教的所在，它是人类对一致性的基本信任。

第一项主张——统一性——引出第二个主张。如果万物比它们的外表更加整合，也会比它们的外表要更好。如果天文学的结论是它断定宇宙比人类感官所能揭示的更大，智慧传统的结论则是它要比我们的感性所能分辨得更好。在类似的程度上，我们应该加上，这意味着我们在讨论光年。雅威、上帝和安拉，天与道，梵与涅槃，全都富有完美存在的印记。这种完美使得智慧传统带有一种丰富的光辉，这是在其他地方找不到的。这种丰富性反映在对人的自我的评价上，正如我们看到的是令人吃惊的。不管人类走向哪里（犹太教传统中所言），都有许多天使在他们前面喊道："让开！给神的形象让路！"圣保罗说："得以看见主的荣光，'就变成主的形状'，荣上加荣。"

对万物一体以及其不可计量的价值来说，智慧传统增加了（正如他们第三个猜测）奥秘性。侦探小说中神秘的谋杀已经把"神秘"一词降低了，因为这种神秘是可以破解的就根本不是神秘的了。奥秘是一类特殊的问题，没有任何解答，因为我们懂的东西越多，我们就越明白我们所不懂的也越多。在众多奥秘中，我们所知的和我们觉察到我们所不知的，这两者是并进的。众所周知，当已知的未知变成已知，未知的未知不断激增；知识的岛屿愈大，好奇的海岸线就愈长。正如量子世界，我们愈是了解到它的形式结构，那个世界也就愈是变得陌生。

万物比它们外表看起来要更为整合，更为美好也更为神秘，这是智慧传统馈赠给我们的景象。当我们再加上它们为伦理行为所建立的基线，以及对人类品德的说明，我们会想，是否有一个更智慧的生命纲领被构思出来了。在宗教生活的核心，有一种特别的喜悦，这种快乐结局的前景，是从必要的痛苦中开花结果的，带着人类的困难将被衷心接受并克服的允诺。在我们日常生活中，只有这种喜悦的暗示。当它们到来的时候，我们竟不知道到底我们的快乐是世界上最难得到的还是最普通的东西；因为在一切尘世上的事物中，我们都能找到它，将它给予人。我们可以接受它，却无法保住它。当我们拥有这些提示时，似乎如此快乐一点也不奇怪，可是回想起来，我们惊诧伊甸园中这样的财富有多少本该是我们的。宗教告诉我们，人类的机会在于把偶尔瞥见的洞见转化为长存的光明。

不过，这个世界，尤其是现代世界是不会相信这一宗教观点的，那么我们要怎么办呢？这就是我们的最后一个问题。对我们来说，宗教究竟是好的还是坏的；究竟（如果总体来说是好的）我们要站在某一个宗教那一边呢，还是在某种程度上对一切宗教张开我们的手臂：我们要如何在一个被某些神圣的和某些世俗的意识形态所撕裂的多元世界中自处呢？

我们聆听。

聆听

如果一个智慧传统需要我们，那么我们要以聆听它来开始。不是非批判性的，因为新的情况赋予我们新的责任，可是我们仍然非常期待聆听它，知道它拥有的真理在人一生中是无法揣度的，更别说是践行出来。

不过除了我们自己的传统，我们也聆听其他人的传统，包括世俗主义者的信仰。我们之所以首先要聆听，是因为我们的时代需要如此。世界日渐缩小，了解乃是和平唯一能够找到的家。有些人是为了和平事业而聆听，这种和平不是建立在宗教或政治霸权之上，而是建立在互相理解和关心之上。因为理解带来尊重，尊重为更高能力的“爱”做好了准备。

那么，“理解”孕育了“爱”，反之亦然。“爱”带来了“理解”——这两者是交互作用的。因此我们必须去聆听、去理解，同时认识到，只要增强同情心，我们就会更加专注地聆听，因为如果我们没有去倾听对方，就不可能爱对方。如果我们真心对待智慧传统，那我们就必须深刻而专注地倾听别人，就如同我们希望他们会这样倾听我们一样。默顿（Thomas Merton）曾经说明这一点，指出神在三处向我们说话：在经文中，在我们最深的自我中，以及在陌生人的声音中。

耶稣说：“你希望别人如何对待你，你也要这样待人。”

佛陀说：“凡人立意要，就可能到达最高境界，不过他必须热切地学习。”

如果说我们没有引用其他宗教在这些方面的说法，那是因为它们都是异口同声在说这些话。

腓尼基人的女神形象。